투룸 수납 인테리어

KATADUKETAKUNARU HEYA-DUKURI by Saori Honda
copyright ⓒ 2012 by Saori Honda
All rights reserved.
Original Japanese edition published by Wani Books Co., Ltd.

This Korean edition is published by arrangement with Wani Books Co., Ltd, Tokyo
in care of Tuttle-Mori Agency, Inc., Tokyo through BC Agency, Seoul.

이 책의 한국어판 저작권은 BC 에이전시를 통한 저작권자와의 독점계약으로 심플라이프에 있습니다.
저작권법에 의해 한국 내에서 보호를 받는 저작물이므로 무단전재와 복제를 금합니다.

Two Room
투룸 수납 인테리어
수납의 달인 '사오리'의 작은 집 완벽 정리술

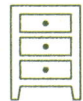

혼다 사오리 지음 | 박재현 옮김

심플라이프

Prologue

낡은 투룸의 놀라운 변신

내가 살고 있는 집은 지은 지 43년이나 된 좁고 낡은 집이다. 더 이상 설명하지 않아도 어떤 느낌인지 알 것이다.
"와, 그 낡은 집이 이렇게 변했어?"
"이 좁은 집에 있을 건 다 있고 넓기까지 하다."
이 집에 이사온 지 3년이 되던 어느 날, 집을 놀러온 친구들이 무심코 내뱉은 말이다. 현관문을 열기 싫을 정도로 오래되고 낡은 집이, 여기저기 물건이 쌓여 좁아 보이기만 했던 집이 이제 방문객들의 눈과 마음을 쏙 빼앗을 만큼 깔끔하고 멋지게 정리된 것이다. 누군가는 큰 돈을 들여 고친 줄 알겠지만 사실 아무것도 바꾸지 않았다. 딱 하나, 수납하는 방식만을 바꿨다. 온전히 내가 개발한 수납 시스템 하나로 일궈낸 변화다.
이런 정리 시스템 덕분에 나도 편해졌지만 집에 찾아오는 방문객들도 팔을 걷어붙이고 설거지나 정리를 하고 싶어할 만큼 효과만점이다. 가장 놀라운 변화는 남편의 반응이다. 수납을 바꾼 후 남편은 "이상하게 자꾸만 청소가 하고 싶어지네."라고 하더니 요즘은 청소뿐 아니라 설거지까지 혼자 거뜬히 해치운다. 나의 계획이 제대로 먹혔다!
나는 평소 살림을 즐겨하지 않고 대충대충 사는 성격이다. 음식도 자주 만들어 먹지 않는다. 웬만하면 어지르지 않고 치우지도 않겠다는 주의다. 그럼에도 불구하고 며칠만 지나면 나뒹구는 옷가지나 물건들이 여기저기 쌓여 눈엣가시였다. 치우기는 귀찮고 그렇다고 마냥 방치할 수도 없었다. 그래서 힘들이지 않고 간편하게 지내는 방법이 없을까

고민하기 시작했다. 그렇게 생각해낸 수납법이 바로 '정리하고 싶어지는 정리법'이다. 큰 힘을 들이지 않고 바로바로 정리하면서도 내가 원하는 공간을 오랫동안 유지하는 정리법이다. 블로그에 노하우를 올리자 엄청나게 많은 사람들이 반응을 보여 주었고 단박에 인기 블로거가 되었다. 이 책이 바로 그 결과물이다.

정리에 필요한 건 본인 의지가 20%, 나머지 80%는 바로 효과적인 수납법과 정리법을 활용하는 것이다. 날마다 청소나 정리만 하면서 살 수 있는 사람은 없다. 독자들은 이 책에서 '5분이면 뚝딱 끝내는 정리법'은 물론 시간을 벌어주는 '초간단 생활 아이디어'를 듬뿍 얻게 될 것이다. 일본에서 엄청난 열풍을 일으켰던 이 방법이 한국의 독자들에게도 도움이 되길 바란다.

정리수납 컨설턴트
혼다 사오리

정리만 잘해도 인생이 달라진다

° 지금, 어떤 집에 살고 있는가?

당신은 어떤 집에 살고 있는가?
침대와 책상 하나면 꽉 차는 원룸? 식탁 하나 놓으면 꽉 차는 거실에 한 방은 거의 사용하지 않는 투룸? 아니면 언젠가 내 집이 생기면 제대로 꾸며보겠노라 벼르며 대충 사는 집? 언제 이사가야 할지 모르니 최소한의 것만 갖춰놓고 사는 남의 집? 아니면 얼마 전 힘들게 마련한 소형 아파트?
어떤 집이어도 좋다. 문제는 얼마나 큰 집이냐, 누구 소유냐가 아니다. 중요한 것은 그곳에 살고 있는 당신이 어떤 느낌으로 어떤 생활을 하고 있느냐이다. 단 몇 달을 살더라도 행복하고 편안한 집에 살 것인가, '언젠가!'를 외치며 내내 불편하고 못마땅한 채 살 것인가가 더 중요하다. 일상에 지친 내게 휴식과 안식을 주는 곳인가, 그냥 잠만 자는 곳인가, 아니면 내 초라한 현실을 고스란히 반영하는 것 같아 들어가기만 해도 우울한 집인가가 중요하다.

° 내 집도 아닌데 왜 돈을 들여?

지인 중에 혼자 사는 분이 있다. 20대 후반부터 10년 동안 혼자 살고 있는 전문직 여성인데, 혼자 사는 자유가 좋다며 결혼에도 별 관심을 두지 않는다. 늘 검소하고 치장을 하지 않는 모습도 인상적이라 호감을 갖게 되었다. 하지만 우연히 그녀의 집을 방문하고 난 후 그녀에 대한 내 생각은 많이 달라졌다.

처음 그녀의 집을 방문했던 날을 지금도 잊을 수가 없다. 아무 느낌도 없이, 서로 조화라고는 찾아볼 수 없는 크고 작은 가구들이 가득하고, 옷가지와 잡동사니들도 수북했다. 설상가상으로 이상한 냄새까지 났다. 그 순간, 뭐랄까 검소한 느낌과는 전혀 다른, 게으르고 감각 없는 사람의 전형 같다는 느낌을 받았다. 한참이 지난 후에 그녀에게 조심스럽게 물었다.

"집에 조금만 관심을 가져도 생활이 엄청나게 달라질 텐데요……."

그녀는 1초도 망설이지 않고 대답했다.

"내 집도 아닌데 뭐하러 돈을 들여요? 나중에 내 집이 생기면 그때 근사하게 꾸밀래."

아차, 그런 생각이었던 것이다. 그런데 알고 보니 그녀만 그런 것이 아니었다. 생각보다 많은 사람들이 자신의 집이 아니라는 이유로 지금 살고 있는 집을 '한때 살고 떠날 곳'으로 여기며 불만족스러운 채 살아가고 있었다. 하긴 나도 내 집을 갖기 전엔 웬만한 건 대충 견디고, 멋스러운 인테리어나 디자인은 꿈도 꾸지 않았다. 하지만 그 생각은 오래 가지 않았다. 어느 날, 집 정리를 하다가 문득 '적어도 5년, 아니 10년을 이렇게 살 수도 있는데, 내 인생도 무미건조한 이 집처럼 흘러가는 건 아닐까?', '언제일지도 모를 먼 훗날만 꿈꾸며 오늘을 외면하고 사는 게 과연 옳은 일일까?' 하는 생각이 들었다.

결과적으로 내 생각은 옳았다. 큰 돈을 들이지 않는 수준으로 좋아하는 소품들을 바꾸고, 정리와 수납을 잘하는 것만으로도 집은 그 전과 180도 달라졌다. 생각 하나, 마음 하나 바꾼 것뿐인데 결과의 차이는 엄청나게 컸다. 나는 이후 이사를 다닐 때마다 집을 내 스타일에 맞게 꾸미고 집이 주는 행복을 만끽한다.

집이 잠시 빌려 쓰고 돌려주는 개념으로 바뀌고 있다. 그러니 자기 집을 가진 후에 근사하게 꾸미겠다는 그녀의 생각은 평생 생각으로만 그칠 확률이 높다. 혹시 지금 당신도 그런 생각을 하고 있다면, 과감하게 지금 사는 집을 내 집으로 여기라고 말해주고 싶

다. 지금 살고 있는 집이 바로 당신의 집, 당신의 모습이다. 또 하나 잊어서는 안 되는 점은 집을 꾸미고 정리하는 것도 자꾸 해봐야 는다는 사실이다. 마음속으로만 원하고 실제 해보지 않은 사람들은 나중에 진짜 자기 집을 가졌을 때 어디서부터 어떻게 해야 할지 몰라 많은 시행착오를 거친다.

자신만의 스타일은 어느 순간 완성되지 않는다. 지금 살고 있는 집에서, 조금씩, 작게 시작해보자.

° 돈을 들이는 것과 정리를 잘하는 것은 다르다

집을 살기 편하고 깨끗하게 꾸민다고 하면 먼저 돈 걱정을 하는 사람들이 많다. 하긴 그런 생각도 무리가 아니다. 서점에 있는 수많은 인테리어 책들은 하나 같이 고급 자재와 비싼 가구들, 전문가의 손길을 거친 듯한 멋진 모습들이다. 어쩐지 내 현실과는 너무나 동떨어져 보이고 뭔가 해볼 엄두가 나질 않는다.

하지만 고급 가구나 비싼 장식품을 사지 않고도 얼마든지 아늑하고 편안한 집을 만들 수 있다. 실제로 이 책에 소개한 물건들은 전부 집 근처의 할인매장, 일반 가게에서 얼마든지 구입할 수 있는 것들이다. 싸고 좋은 물건으로도 얼마든지 분위기를 바꿀 수 있다는 말이 결코 과장이 아님을 확인할 수 있을 것이다. 이 책이 독자들의 사랑을 받게 된다면 아마 최소한의 비용으로 최고의 효과를 얻을 수 있는 많은 아이디어 덕분일 거라고 생각한다.

집은 하루도 빠짐없이 자고 먹고 생활하는 곳이자 내 삶의 가장 중심에 있는 공간이다. 십만 원도 들지 않는 비용으로 내가 꿈꾸던 멋진 집을 꾸밀 수 있다면, 그래서 집에 들어갈 때마다 기분이 좋아지고 누군가를 초대하고 싶어진다면 그게 바로 지금 누릴 수 있는 최고의 행복이다.

많은 돈을 들인다고 원하는 집이 되지는 않는다. 그보다는 작고 사소한 것부터 하나씩 바꾸고 정리하는 습관을 들이면 특별한 기술 없이도 멋스러운 나만의 공간을 얻을 수 있다. 이 책이 그 시작을 도와줄 것이다.

˚ 수납 하나로 달라지는 미래

눈에 띄는 어딘가에 수납 공간이 하나 있다고 가정해 보자. 그 안에는 생활 잡동사니가 가득하다. 당신은 그곳의 문을 열 때마다 왈칵 짜증이 몰려오고 스트레스를 받으면서도 짐짓 그것을 억누르고 원하는 물건을 찾기 위해 뒤적거린다. 가끔은 새로 산 물건을 틈새에 억지로 끼워넣기도 한다. 이런 사람에게 과연 미래가 있을까?

뭔가를 꺼낼 때마다 물건이 툭툭 떨어지고, 켜켜이 쌓인 물건들을 뒤적이느라 시간을 허비하고, 이미 갖고 있는 물건을 또 사면서 돈을 지출하고, 외출할 때마다 원하는 것을 찾지 못해 허둥대거나 가족 간에 험악하게 "그거 어딨어?"라는 대화가 오가는 풍경 말이다. 이런 미래를 바꿀 수 있는 것이 바로 '사오리식' 간편 수납정리술이다.

간편하다는 건 무엇일까? 꺼내는 게 편하고, 넣는 게 편하고, 청소하는 게 편하다는 의미다. 그리고 이를 위한 수납의 대전제는 '물건을 많이 소유하지 않는 것'이다. 필요 이상으로 많은 물건을 소유하면 아무리 넓은 집이라도 공간이 부족해진다. 우리에게 필요한 집은 기분 좋게 쉴 공간이지 뭔가로 잔뜩 쌓인 창고가 아니다.

당신은 지금 어떤 물건에 둘러싸여 어떤 생활을 하고 싶은가? 수납에 대해 진지하게 고민하다 보면 자연스럽게 자신의 삶을 되돌아보게 된다.

˚ 미루지 않고 저절로 정리되는 시스템

날로 쌓여가는 쇼핑백이나 신발, 옷, 식기용품, 작은 가구 등을 상상해보자. 맘에 드는 멋진 가구를 들여놓기엔 집이 너무 좁고 이것저것 필요한 물건들이 켜켜이 쌓여간다면? 만약 당신이 엄마라면 아이가 그려놓은 그림과 소소한 작품들을 그때마다 버리지 못하고 쌓아두게 될 것이다. 그런 것들은 앞으로 얼마나 더 쌓여 좁은 집을 망가뜨리고 압박

할까? 참으로 골치 아픈 문제다.

그러나 이렇게 스트레스를 느낄 때가 수납에 대해 생각할 수 있는 절호의 기회다. 쳐다볼 때마다 '뭔가 정리가 필요해'라거나 '치워도 치워도 그대로야'라고 생각된다면 지금이 바로 제대로 된 수납정리 시스템을 만들어 당신의 삶을 완전히 바꿔볼 절호의 기회다.

수납의 원리를 알면 아주 작은 것만 바꿔도 큰 효과를 볼 수 있다. 물건이 점점 늘어나는 데 대한 불안과 스트레스는 삶에도 고스란히 영향을 미친다. 가장 많은 시간을 보내는 집이 답답하고 맘에 들지 않으면 알게 모르게 불만이 쌓여가고 삶의 질이 떨어진다. 나아가 집이 정리되지 않으면 집만 문제가 되는 게 아니다. 머릿속도, 사람관계도, 하는 일도 어수선하고 불편해진다. 따라서 수납정리는 단지 지금 갖고 있는 물건을 정리하는 것에만 그 의미가 있지 않다. 과거와 미래의 물건, 자신의 생활상과 가치관을 정돈하는 것으로 이어지기 때문이다. 이때 얻어지는 마음의 여유와 편안함은 미래에 대한 투자이기도 하다.

"수납이 달라지면서 가장 크게 변화한 것은 제 마음이었어요. 바쁜 중에도 넉넉한 마음의 여유를 얻어 오늘은 전부터 하고 싶던 화분갈이를 했습니다. 놀라운 평화와 행복이 찾아왔어요."

수납 컨설턴트로서, 주변 사람들에게 이런 이야기를 들을 수 있다는 건 내겐 큰 기쁨이다. 이제 당신이 행복해질 차례다.

Contents

Prologue 낡은 투룸의 놀라운 변신 05
정리만 잘해도 인생이 달라진다 07
43년 된 낡은 투룸의 배치도 016

PART 1 수납과 정리의 개념 바꾸기

018 대충대충, 게으른 사람에게 더 좋다
019 매일 1~2분, 습관이 되는 수납
020 꼭 필요한 것만 소유하기
021 세 번 불편할 때까지 사지 마라
022 살까 말까 망설여질 때,
     도둑맞아도 괜찮은가 생각해보라
023 수납은 원래 시행착오의 연속
024 성공하는 정리수납 4단계
025 4 STEPS OF STORAGE
026 꼭 필요한 정리수납 아이템

PART 2 주방

030 자주 쓰는 물건은 걸어라
032 꼭 갖고 싶었던 소금단지
033 주방 요리도구의 필수 아이템
034 싱크대 커트러리의 수납
035 랩 케이스의 활용
036 보기도 좋고 보관도 좋은 리필용 유리병
037 REPACK TO GLASS BOTTLES
038 파일박스에 식재료 수납하기
039 작은 집에 딱, 오픈 선반과 왜건의 매력
040 싱크대 아래의 수납
041 가스레인지 아래의 수납
042 식기는 마음에 쏙 드는 것만 사자
043 마음을 사로잡은 식기들
044 꺼내고 넣기 편한 식기 수납법
046 냉장고 안의 제자리 찾아주기
048 *consulting case* ① 주방의 수납
050 *consulting case* ② 주방 벽걸이 수납장

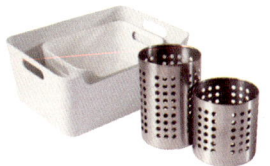

PART 3 거실

- 054 꿈의 소파
- 055 생활에 음악을 더하라
- 056 생활과 밀접한 아이템은 눈에 띄는 곳에
- 057 컴퓨터 작업대와 문구 보관
- 058 사물에 이끌리는 수납
- 060 갈 곳 없는 물건들은 이곳에
- 061 장식은 엄선하여 최대한 심플하게
- 062 집안에 은은한 민트향을!
- 064 집안에 자연을 옮겨놓자
- 065 나를 위한 작은 선물

PART 4 옷장

- 068 묶음판매는 수납의 훼방꾼
- 069 수납장이 부족할 때 반드시 체크할 것!
- 070 붙박이장을 구석구석 활용하는 방법
- 072 의류는 세워서 수납하라
- 074 개는 것도 귀찮다면 이렇게!
- 076 좋아하는 옷은 밖에 걸자
- 078 붙박이장 안쪽과 옷걸이 사용법
- 079 라벨을 붙여 내용물을 한눈에
- 080 철 지난 옷 교체하기
- 082 천장과 옷장 사이의 틈새 수납
- 083 한정된 아이템으로 다양하게 코디하기
- 083 가방 속의 간편 수납
- 084 *consulting case* ③ 옷장 수납
- 085 *consulting case* ④ 베란다 수납장

PART 5　욕실과 세탁실

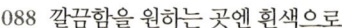

088　깔끔함을 원하는 곳엔 흰색으로
089　팔만 뻗어서 한번에 OK
090　시간을 단축해주는 세탁물 수납 요령
092　세면대 아래의 수납
093　치약이나 세안용품은 클립에 걸어 거꾸로
094　마음까지 편안해지는 화장실 꾸미기
096　consulting case ⑤ 타월·속옷의 수납

PART 6　손쉬운 청소법

098　성가신 것은 질색, 나의 간단 청소법
100　청소용품은 이것만!
101　청소도구의 수납법
102　주방 청소
103　싱크대 배수구 간단 청소
104　거실 청소
106　붙박이장 청소
107　세면대 청소
108　욕실 청소
109　화장실 청소
110　타월 삶기
111　세탁기 청소
112　보기 좋고 쓰기 편한 쓰레기통
114　대청소 필요 없는 10분 물걸레질

PART 7 간편한 생활을 위한 아이템

116 현관문 100% 활용법
117 압축봉의 무한한 가능성
118 생각의 틀을 깬 신발장 수납
119 현관엔 좋아하는 아로마향을
120 일주일 계획, 절대로 잊지 않는 법
121 스트레스 줄여주는 포스트잇 활용법
122 호주머니 속 물건은 이렇게!
123 비축품은 가능한 적게
124 내 생활에 딱 맞춘 가계부 만들기
126 수첩은 마음의 메모장
128 편지와 사진 보관하기
129 사용설명서 보관하기
130 버리기 아까운 엽서, 연하장 보관하기
132 당연하게 여겼던 '필요 없는 물건'들
134 나만을 위한 치유의 시간

Epilogue 수납은 나만의 색깔을 찾아가는 과정 136

43년 된
낡은 투룸의 배치도

우리 집은 지은 지 43년이나 된 자그마하고 단출한 투룸이다. 3년 전 이사 왔을 때는 너무 좁고 지저분해서 고개를 절레절레 흔들었다. 방 두 개는 너무 좁은 데다가 수납공간이라고는 붙박이장이 전부였다. 싱크대 옆 좁은 공간도 어정쩡, 화장실은 또 왜 그렇게 좁은지…….

내가 가장 먼저 한 일은 때 벗기기, 대대적인 청소였다. 아무리 방을 잘 꾸며도 깔끔하지 않으면 아무 소용이 없다. 그 다음은 유일한 수납공간인 붙박이장을 어떻게 사용할지 계획을 세웠다. 이후에는 살면서 스트레스로 느껴지는 부분을 조금씩 개선해 나갔다. 그랬더니 지금은 오히려 작은 집이라서 다행이라는 생각이 들 정도로 만족스럽다. 관리나 청소도 쉽고, 무엇보다 작은 집이라서 시행착오를 거치며 다양한 생활 아이디어가 떠올랐다. 잡지에 나올 만큼 아름다운 집은 아니지만, 나의 하루하루의 생활이 고스란히 배어 있는 집, 단순하면서도 나다운 삶을 찾도록 해준 이 집이 진심으로 고맙다.

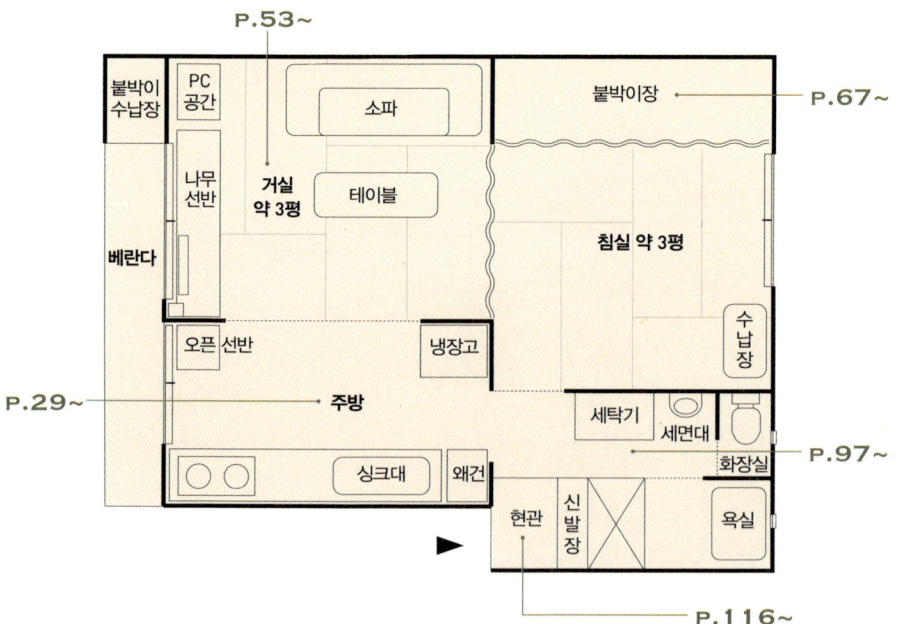

PART 1
수납과 정리의 개념 바꾸기

반듯하고 보기 좋게 놓는 것이 '수납의 정답'이라고 생각하는 사람들이 많다. 정말 그럴까? 예를 들어 즐겨 사용하는 찻잔을 꺼내 차를 마신다고 해보자. '컵은 식기장 맨 위', '찻잔은 머그컵 뒤'에 있다. 문을 열고, 발꿈치를 들고, 머그컵을 치우고, 깊이 넣어둔 찻잔을 꺼낸다. 마지막으로 머그컵을 제자리에 놓고 문을 닫는다. 이 여섯 가지나 되는 동작을 차를 마실 때마다 반복하는 건 결코 쉬운 일이 아니다. 치운 머그컵이나 설거지를 끝낸 찻잔을 매번 그 자리에 놓아둬야 하다니! 음, 귀찮고 번거로워.

물론 이것은 극단적인 예지만 실제로 이보다 더 복잡하게 해놓고 사는 사람들도 많다. 수납은 무엇보다 자신의 생활습관에 맞게 계획되는 것이 중요하다. 물건의 종류에 국한하지 말고 사용 빈도를 떠올려보자. 수납은 물건을 '보기 좋게 잘 놓아두기'를 위한 것이 아니라, '편하게 사용하기' 위한 것이다.

대충대충,
게으른 사람에게 더 좋다

나는 대충대충 살아가는 사람이다. 그래서 뭐든 간편하고 쉽게 해결되지 않으면 금방 포기하고 만다. 특히 집안일은 너무 번거로워서 조금만 복잡해도 일할 마음이 사라진다. 하지만 집안을 대충 방치하는 사람이 전부 게으르거나 성격에 문제가 있는 건 아니다. 오히려 그 사람의 성격이나 생활방식, 습관을 고려하지 않은 채 잘못 정리했을 확률이 높다. 그런 경우 마음먹고 말끔하게 치워도 금새 지저분해지거나 몇 번 하다 지쳐 지레 포기하게 된다.

필요한 건 나처럼 대충대충인 사람이나 게으른 사람도 계속 할 수 있는 편리한 수납정리 시스템을 만드는 것이다. '성격'이 아니라 '수납'을 바꾸면 된다. 문을 열고 닫기 번거롭다면 문짝을 떼면 되고, 가지러 가는 게 성가시다면 손 닿는 곳에 놓아두면 된다. 편리함을 싫어하는 사람은 단 한 사람도 없을 것이다. 무엇이 편한지는 사람마다 다르기 때문에 '내게 맞는 편리한 방법'을 찾는 게 중요하다.

매일 1~2분, 습관이 되는 수납

퇴근하기 전이나 잠들기 전 책상 위를 말끔히 치우는 편인가, 그대로 두는 편인가? 책상을 치우는 데는 고작 1~2분밖에 걸리지 않는다. 하지만 치우는 습관을 들인 사람과 방치하는 데 익숙한 사람 사이에는 많은 차이가 생긴다. 멀리 보면 업무성과뿐 아니라 주변의 평가도 달라진다. 사실 너저분해진 책상을 치운다는 것은 미래의 자신을 위한 투자이기도 하다.

그래서 하루 1~2분, 간단한 정리로 뚝딱 해결되지 않는다면 수납법을 재고해 봐야 한다. 수납에 정답은 없지만 굳이 말하자면 물건을 '손쉽게' 사용하고 제자리에 놓는 습관을 가지면 충분하다.

이 한 가지 습관으로 일상의 풍경은 달라진다. 말끔히 치워진 방에서 기분 좋게 보내고, 여유 있게 음악을 듣거나 좋아하는 영화를 만끽할 수 있다. 향이 은은한 차 한잔을 마실 수도 있다. 1~2분의 습관이 당신이 느낄 행복의 질을 좌우할 것이다.

꼭 필요한 것만
소유하기

수납을 말할 때 결코 빠뜨릴 수 없는 포인트가 있다. 바로 자신에게 꼭 필요한 만큼의 물건만을 소유하는 것이다. 가능한 한 적게 소유하기다.

많은 사람들이 집에 물건이 너무 많다고 고민한다. 방마다, 창고마다 물건이 그득해 골치라는 것이다. 하지만 물건이 너무 많으면 제아무리 수납을 잘 해도 절대 정돈이 되지 않는다.

편리할 것 같은 물건을 사는 것까지는 좋다. 하지만 접이식 주방용품이나 사은품 증정 행사로 받은 가방들은 쓰기도 애매하고 버리자니 아까워 결국 한쪽 구석에 처박아두기 쉽다. 하나같이 더 편하고 행복하려고 집에 들인 물건이지만 결국 공간을 압박하는 존재로 전락한다.

집안을 둘러보면 누구나 그런 물건을 한두 개쯤 갖고 있다. 하지만 뭔가 새로워 보여서, 괜히 갖고 싶어져서, 싸다는 순간의 유혹에 넘어가서 덥석 사버리는 물건이 많아지면 곤란하다. 이런 물건은 돈을 주고 산 만큼 버리기도 아깝고 언젠가 쓸모가 있을 거란 미련 때문에 쉽게 버려지지도 않는다. 이러면 물건이 주는 가치가 아니라 물건 그 자체를 짊어지는 꼴이 된다.

세 번 불편할 때까지 사지 마라

'깨끗한 수저통을 하나 사야겠어', '추울 때 신을 슬리퍼가 필요해', '손님이 오면 쓸 큰 냄비가 필요해' 등 살다보면 필요하다고 생각되는 물건들이 생긴다. 하지만 나는 세 번 이상 불편함을 느끼기 전까지는 절대 그 물건을 사지 않는다. '갖고 싶다'는 생각이 들 때마다 바로 물건을 산다면 소유해야 할 물건은 끝도 없이 늘어나고 만다.

이 집에 이사오고 새 생활을 시작할 때 물건을 한꺼번에 장만하지 않고 일부러 최소한으로 생활했다. 그리고 세 번 불편할 때까지는 사지 않겠다고 결심했다. 그랬더니 정말 내 생활에 꼭 필요한 것과 불필요한 것, 굳이 필요하지 않지만 갖고 싶은 것 등이 저절로 구분되었다.

또한 쇼핑을 가서도 정말로 집에서 오래 활약해줄 물건을 만날 때까지 유심히 비교하고 음미하는 버릇을 갖게 됐다. 모처럼 마음에 드는 물건을 만나도 "너 우리 집에서 무엇을 해줄래? 오늘부터 온 힘을 다할 수 있겠어?"라고 면접관처럼 요리조리 체크를 한다. 사실 집에 물건을 들이는 것은 무척 쉽다. 하지만 내보내기는 그보다 몇 배 어렵다. 그래서 작은 물건이라도 들일 때에는 엄격한 심사를 거쳐야 한다.

살까 말까 망설여질 때,
도둑맞아도 괜찮은가 생각해보라

지금 집에 물건이 너무 많아서 수습이 안되는 사람들은 먼저 불필요한 물건을 처분하길 권한다. 하지만 불필요한 물건을 많이 갖고 있는 사람일수록 '아깝다'며 잘 버리지 못하는 타입이 많다. 하지만 과연 그 물건들이 그렇게 소중히 간직할 만큼 중요한 것들일까?

물건은 사용하기 위해 존재한다. 사용하지 않는 물건은 그저 공간을 빼앗고 다른 물건을 사용하는 데 불편을 끼치는 장애물일 뿐이다.

'자주 사용하진 않지만 버릴 수도 없다'고 여기는 물건이 있다면 그것들을 상자에 담아 1년간 보관해 보자. 그 사이에 상자를 한 번도 열지 않는다면 불필요한 물건이라는 증거다. 그리고 만일 이것을 '도둑맞는다면?'이라고 가정해보자. 도둑맞았을 때 크게 아깝지 않고 가슴을 쓸어내리지 않을 물건이라면 지금 당장 처분해도 크게 상관 없다. 그런 굳은 의지를 갖고 선별한 뒤에 남은 물건이라면 두말할 필요도 없이 두고두고 오래 사용할 유용한 물건임에 틀림없다.

수납은 원래
시행착오의 연속

이 책의 〈PART 2〉부터는 집 안의 세밀한 수납 사례나 아이디어를 소개할 것이다. 여기서 잊어서는 안 되는 한 가지가 있다. 바로 한 번 수납방식을 개선했다고 해서 그것으로 끝이 아니라는 점이다. 사용하기 편리한 안성맞춤 수납이 될지 그 반대가 될지는 실제로 사용해보지 않으면 절대 알 수 없다. 불필요할 것 같아 안쪽에 넣어 두었는데 의외도 자주 사용하는 물건이 있고, 편리할 것 같은 수납박스가 생각보다 번거로울 수도 있다. 이처럼 직접 생활하면서 뒤늦게 깨닫게 되는 점들은 의외로 많다.

하지만 한 번 크게 수납방식을 바꾸면 이후의 자잘한 변화는 그다지 힘이 들지 않는다. 바꾸는 귀찮음보다 그 뒤에 오래 이어질 쾌적함이 훨씬 크다. 게다가 이렇게 한 번씩 뭔가를 바꿀 때마다 물건과 수납에 대한 감각은 눈에 띄게 나아지게 된다.

쾌적함을 추구할 것. 그러나 쉽게 포기하지 말 것. 이 자세가 무엇보다 중요하다.

성공하는
정리수납 4단계

쓸 때마다 불편하고 스트레를 받으면서도 모른 척 참고 지내는 건 어리석은 짓이다. 조금만 개선하면 생활은 크게 달라지며, 방법 또한 매우 간단하다. 여기서는 기본이 되는 정리수납의 4단계를 소개한다.

먼저 정리하고 싶은 물건을 모조리 꺼낸다! 같은 종류의 물건(예를 들면 식기 따위)이 여러 곳에 분산되어 있을 경우 모두 꺼내서 한데 모으는 것이다. 그동안 외면했던 모든 물건 하나 하나를 진지하게 대면하는 순간이다.

그런 다음 꺼내놓은 물건을 분류한다. 카테고리별로 나누는 것도 필요하지만 '사용한다' '사용하지 않는다'로 양분하는 것이 포인트다. 그것들이 뒤섞여 있으면 공간 활용이 제대로 되지 않는다.

이렇게 나눈 물건을 사용 빈도나 동선에 따라 높이나 깊이, 장소 등 다양한 조건에 맞춰 수납한다.

마지막으로 수납 케이스나 비닐에 넣을 경우 라벨을 붙인다. 안에 든 물건을 한눈에 알아보고, 방문객이나 가족들이 쉽게 파악하기 위해서다. 그 물건이 원래 있던 자리로 돌아갈 수 있도록 가능한 한 자세히 내용물을 적어두는 것이 좋다.

4 STEPS OF STORAGE

① 이대로 괜찮은지 체크한다

'어디에 무엇이 있는지 모른다' '자주 사용하는 물건을 꺼내기 복잡하다' 같은 스트레스를 분명히 의식하자. '원래 집이 다 그렇지 뭐'라며 포기하고 방치하는 것은 금물! 어떤 장소든 지금보다 쾌적하게 사용할 수 있는 수납 방법이 있게 마련이다.

↓

② 물건을 전부 꺼낸다

'수납'하면 수납용품이나 장소만 떠올리기 쉬운데 먼저 주목해야 할 것은 '물건'이다. 모조리 꺼내서 무엇을 얼마만큼 가지고 있는지 파악하자. 일부만 꺼내 장소를 바꿔보는 것만으로는 근본적인 개선책이 될 수 없다.

③ 분류한다

'자주 사용하는 것' '가끔 사용하는 것' '거의 사용하지 않는 것'으로 분류한다. 애매한 물건은 '사용하고 싶은 것'과 '사용하지 않을 것'으로 나눈다. 전자는 사용하기 쉽게 수납하고 후자는 처분한다.

④ 자리를 찾아 넣는다

사용 빈도가 높은 물건부터 우선적으로 꺼내기 쉬운 곳을 정해 넣는다. 그 다음, 제일 사용하지 않는 물건부터 높은 곳이나 깊은 곳처럼 꺼내기 어려운 장소에 두면 나머지 물건이 위치할 장소는 자연스럽게 정해진다.

↗

꼭 필요한 정리수납 아이템

'수납용품'으로 알려진 물건은 넘치지만 사실 쓸모 있는 상품은 정해져 있다.
그런 것의 대부분은 바닥이 평평하고 직사각형에 심플한 형태를 띠고 있다.
이런 물건은 집을 바꾸거나 위치를 조금 바꾸어도 어디서나 활용이 가능하다.

No.1 투명 ㄷ자 선반
식기나 물건을 겹치지 않게 수납 가능. 두 장을 한꺼번에 꺼내고 넣을 수도 있다. 아크릴 소재(무인양품)

No.2 정리 케이스
서랍 안에 넣고 사용하기 편한 폭 약 11.5cm의 정리케이스. 비슷한 상품들도 많은데 이 사이즈가 가장 유용하다. 아크릴 정리 박스(무인양품)

No.3 각종 정리 박스
사용할 용도에 맞게 무인양품이나 1000원숍 등에서 구입한다.

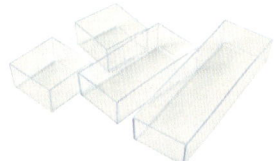

No.4 작은 정리 케이스
직각이라 쌓기도 쉬워 매력적이다. 투명이나 화이트가 좋다.(시스템박스, 다이소)

No.5 주방 정리 트레이
냉장고나 싱크대 아래에 같은 종류의 물건을 한데 담아두기 편리하다. 액체가 흐르는 것도 막을 수 있어서 굿. 냉장고 투명쟁반(다이소)

No.6 깊이가 있는 정리 박스
냉장고 야채실 분류나 자주 사용하지 않는 손님용 컵 수납에 이용한다. 자유자재로 겹쳐서 쌓을 수 있다.(다이소)

No.7 당김 손잡이가 있는 박스①
높은 곳에 두어도 꺼내기 쉽고, 사각형이라 똑바로 서고, 반투명이라 내용물이 보여서 다양하게 이용 가능하다. 수납장 선반(에비스)

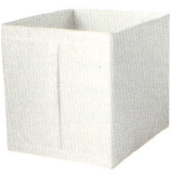

No.8 손잡이가 달린 박스②
의류나 과자를 높은 장소에 수납하는 데 편리하다. 가벼워서 손쉽게 당겨서 꺼낼 수 있다. SKUBB화이트 박스(IKEA)

No.9 손잡이가 달린 박스③
물건을 구분해서 담는 데 만능이다.
PATIONELL VARIERA박스(IKEA)

No.10 등나무 박스
어디에 둬도 멋스럽기 때문에 책장 위나 바닥에 둬도 OK. 소품이나 의류를 담는다. 직사각형의 라탄바구니(무인양품)

No.11 뚜껑이 있는 박스
보관하고 싶은 사물 수납에 편리하다. 나는 이곳에 사진과 중요한 서류를 보관한다. 뚜껑이 있는 A4 사이즈 박스(IKEA)

No.12 높이가 낮은 파일 박스
사용 빈도가 낮은 식기를 겹쳐 수납하여 공간 절약은 물론 분류에 그만이다. 작은 냄비를 세워 수납해도 좋다. A4 파일스탠드(다이소)

No.13 칸막이 스탠드
책꽂이의 용도는 물론 프라이팬이나 옷 같은 것을 세울 수 있어 편리하다. 칸막이 스탠드(무인양품)

No.14 파일 박스
서류나 식품을 수납하는 데 이용. 폴리프로필렌 스탠드 파일박스, 종이스탠드 파일박스(무인양품)

No.15 스테인레스 통
걸지 못하는 주방용품은 모두 여기에. 수저나 포크를 꽂는다.(IKEA)

No.16 거는 선반 (소)
압축봉 2개에 걸어서 수납공간을 늘릴 수 있고 수납할 수 있는 물건도 다양하다. 거는 와이어 선반(Seria)

No.17 거는 선반 (대)
No. 16의 큰 사이즈. 물건과 수납 공간에 맞춰 구매한다. OBSERVATÖR 클립 온 바스켓(IKEA)

No.18 망이 촘촘한 바구니
속이 비치기 때문에 밖에 나와 있어도 압박감이 없다. 소품이나 부피가 나가는 의류 수납에 좋다. ALGOT 와이어 바스켓(IKEA)

No.19 캐스터
쌀이나 물처럼 무거운 것을 여기에 얹어두면 꺼낼 때 편하다. 바닥 청소도 하기 쉽다. 미니 캐스터(다이소)

No.20 플라스틱 골판지
반투명 케이스의 앞쪽 내부에 붙이면 안의 내용물이 보이지 않아 깔끔하다. 칸막이로 사용할 수도 있다.

No.21 라벨 프린터
필요할 때마다 라벨 만들기에 최적. 손글씨보다 보기에도 예쁘고 위치 찾기에도 안성맞춤이다. 라벨 프린터(킹짐)

PART 2
주방

주방은 물건을 꺼내고 넣는 일이 가장 자주 이뤄지는 장소다. 조리도구를 꺼내고, 식기를 놓고, 밀폐용기로 여닫고, 매번 설거지를 하고 다시 넣고 꺼내고……. 가뜩이나 번잡한 일에 깊숙이 숨겨진 것을 꺼내는 수고까지 더해진다면 매번 보통 일이 아니다. 주방이야말로 조금의 불편함이라도 놓치지 않고, 어떻게 하면 더 쉽고 편리하게 사용할 수 있는지 끊임없이 고민해야 하는 장소다.

나는 사실 요리하기를 그다지 좋아하지 않는다. 그래서인지 동선이 짧고 편리하고 잘 정돈된 곳이 아니라면 요리하는 것이 귀찮다. 그래서 자주 쓰는 물건은 손만 뻗으면 잡을 수 있도록, 밖으로 꺼내 놓는 물건이라면 눈까지 즐거운 물건으로 선택한다. 나의 이 작고 아담한 주방은 그렇게 만들어졌다.

KITCHEN

자주 쓰는 물건은 걸어라

얼마 전 한 잡지에서 '주방은 콕피트(cockpit, 항공기 조종석)'라는 표현을 보았을 때 깜짝 놀랐다. 바로 내가 지향하는 주방을 제대로 표현하고 있었기 때문이다. 비행기 조종사가 앉은 자리에서 원하는 스위치로 손을 뻗는 장면을 연상해보라. 일어서거나 몸을 움직이지 않고도 간단히 모든 작동이 가능하지 않은가. 주방도 이처럼 자주 사용하는 물건을 쉽게 잡고, 최소한의 시간과 노력으로 요리를 할 수 있는 공간으로 만드는 게 중요하다.

콕피트라는 표현에 맞게 자주 사용하는 물건은 가까운 곳에 걸어두면 좋다. 프라이팬을 가스렌지 옆에 매달고, 채반을 싱크대 앞쪽에 매달고 도마와 수건도 눈앞에 건다. 필요한 때 손을 뻗으면 어떤 방해도 받지 않고 집을 수 있어 정말 쾌적하다! 일주일에 한 번 이상 사용하는 것들이라 먼지나 기름때가 끼일 염려도 없다.

손 닦는 수건

부착식 싱크선반에 손 닦는 수건을 매달았다. 촉감도 좋고 무늬까지 예쁘면 인테리어 효과도 만점.

채반

야채를 씻거나 데친 야채를 얹어둘 때 필요하다. 걸어두면 건조도 잘 되고 채반에서 우러나는 멋스러움 때문에 보기에도 좋다.

도마

싱크대 위쪽의 부착식 선반에 작은 도마를, 수납장에 큰 도마를 S자 고리를 이용하여 매단다. 집기도 쉽고 잘 마른다는 장점이 있다.

행주와 비닐봉지

싱크대 아래쪽 문에 헝겊가방을 2개 매달아 한쪽에는 행주를, 다른 한쪽에는 비닐봉지를 넣는다.

걸 수 없는 것들은……

사용 빈도가 적은 요리도구는 싱크대 아래 안쪽에 둔 스테인레스통에 꽂는다. 꺼내기 쉬운 장소는 자주 사용하는 도구에게 양보하자.

꼭 갖고 싶었던 소금단지

나는 오래 전부터 근사한 소금단지가 갖고 싶었다. 원래는 툭툭 흔들어 쓰는 유리병을 사용했는데 나오는 양이 불분명해 간 맞추기가 쉽지 않았다. 언젠가 이 소금단지가 눈길을 사로잡았는데 스푼을 사용해 사용량도 알기 쉽고 특히 흡습성이 좋아 소금을 보존하는 데도 안성맞춤이라는 것을 알고 눈독을 들였다. 이후 몇 번의 고민 끝에 뚜껑이 있는 토기를 사 소금단지로 임명했다. 그리고 주방의 눈에 띄는 장소에 두었다. 결과는 대성공! 주방에 갈 때마다 소금단지의 단아한 자태를 보면 왠지 모르게 기분이 좋아진다. 덕분에 간도 잘 맞출 수 있게 되었으니 일석이조. 시중에서 파는 주방용품도 좋지만 하나 정도는 꼭 갖고 싶던 수제품을 갖는 것도 좋다.

주방 요리도구의 필수 아이템

사용하기도 좋고, 기능도 좋은 도구가 있으면 요리하는 즐거움은 몇 배로 커진다.
꼭 필요한 도구, 오래 쓰면서 정 붙일 수 있는 것만을 엄선했다.

디자이너 야나기 소리의 키친 도구

온갖 잡다한 요리도구와 타협하지 않겠다는 결의를 표현하기 위해 돈이 생길 때마다 조금씩 사 모았다. 사용하기도 쉽고 멋스럽기까지 하다.

스테인레스 냄비 세트

냄비는 STAUB 제품으로 전부 3개. 스테인레스 냄비는 전문 요리사의 것처럼 보이는 디자인으로 시각적, 기능적으로 둘다 매력적이다.

STAUB 원형 내열냄비 22Cm

여기에 밥을 지으면 맛이 끝내준다! 죽이나 카레를 끓일 때도 그만. 예뻐서 자꾸만 꺼내 쓰게 된다.

프라이팬 3형제

IKEA, 무인양품 등에서 구입했다. 자주 사용하는 가장 작은 것만 매달아 수납하고 있다.

미타미 류지의 스푼

국자와 아이스크림용 숟가락. 투박하지만 나무의 멋을 느낄 수 있다. 혀에 닿는 느낌이 기적 같다!

무인양품의 주방 도구

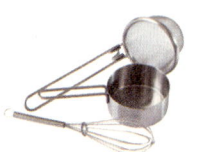

거름망, 계량컵, 미니 거품기. 심플한 아름다움과 기능성이 모두 충족된다.

법랑 포트

노다법랑 츠키우사키지루시의 슬림한 포트. 커피를 드립하거나 뜨거운 물을 끓일 때 사용한다.

오일포트

뚜껑을 열 필요 없이 적당한 양을 부을 수 있다. 예전에 아르바이트했던 카페에서 사용하며 반했는데 인터넷에서 발견해 바로 구입했다.

긁개

LEC의 긁개로 더러워진 접시나 냄비를 문질러 닦으면 깨끗해진다. 은근히 자주 쓰게 된다.

셀룰로오스 스펀지

튼튼하여 잘 늘어지지 않고 무엇보다 흰색이 청결감을 줘 애용한다. 무인양품 제품.

도마

큰 것과 작은 것이 함께 있으면 편리하다.

껍질깎기

싱크대 선반에 고리를 이용해 걸어두고 자주 사용한다.

싱크대 커트러리의 수납

우리집엔 손님들이 가끔 온다. 그래서인지 숟가락이나 포크, 나이프의 양이 점점 많아지더니 어느샌가 지저분해지고 필요할 때 찾기도 쉽지 않았다. 몇 번 반복되면서 은근한 스트레스가 되길래, 작심하고 정리하기로 했다.

먼저 매일 사용하는 커트러리는 숟가락, 젓가락, 포크, 나이프, 목제, 스테인레스 등으로 구분하고, 가장 쉽게 손이 닿는 싱크대 서랍에 가지런히 배열했다. 이때 나무로 된 것들은 등나무 박스에, 스테인레스는 아크릴 박스를 사용해 내용물의 분위기에 맞췄다. 오른쪽 앞에 있는 미니상자에는 매일 사용하는 젓가락 받침이나 고무밴드 등을 넣고, 서랍 안쪽에는 가끔 사용하는 병따개 등을 넣는다.

나는 이렇게 하고도 총 세 번의 시행착오를 더 거쳤는데 사용 빈도가 가장 높은 최고의 수납 장소를 찾아내면 이후는 훨씬 편해진다.

랩 케이스의 활용

요리하거나 보관할 때 사용하는 랩은 필요한 순간에 한 번의 동작으로 꺼낼 수 있어야 한다. 하지만 밖으로 꺼내놓으면 보기에 좋지도 않고 그대로 쓰자면 현란한 디자인 포장이 주방 전체의 분위기를 망친다. 그래서 수납이 중요하다.

나는 무인양품의 랩 케이스를 사용한다. 보기에도 심플하고 두드러지지 않아 주위와도 조화를 잘 이룬다. 또 리필용으로 판매되는 랩은 가격도 저렴하고 수납 장소도 덜 차지해 좋다. 그 외에 제품 포장지가 마음에 걸려서 리필용으로 구입하는 것은 청소용 알코올 스프레이나 식기세제, 손세정제 등이다. 자주 사용해 밖에 꺼내놓는 물건일수록 집 분위기와 조화를 이루도록 고려해야 한다.

보기도 좋고 보관도 좋은 리필용 유리병

마시던 차나 향신료, 조미료 등이 남아서 버린 경험이 없는가? 나중에 쓰려고 찾으면 없고 어디에 두기엔 그 양이나 모양이 애매한 것들이라 그냥 버리는 사람들이 많다. 하지만 수납만 잘하면 이 모든 게 한 번에 해결된다.

비교적 자주 쓰지 않는 향신료를 사는 행위는 '생활에 약간의 멋을 더하고 싶다'는 설렘을 동반한다. 하지만 필수품이 아닌 이상 그 존재를 금방 잊기 쉽다. 하지만 즐겨 사용하도록 습관을 들이는 수납요령이 있다면? 예를 들어 적당한 병에 옮겨 담는 것만으로도 포장지의 밴드를 풀고 뭉친 걸 풀기 위해 흔들고, 잘못하면 몽땅 쏟아져 내리는 스트레스가 한 번에 해결된다. 뚜껑을 열고 기울이기만 하면 끝. 한눈에 뭐가 들어 있는지 잘 보이는 데다가 라벨까지 붙이면 존재감은 독보적이다. 인테리어 효과에도 그만. 병에 옮겨 담는 순간 사용하기 쉽고, 또 사용하고 싶어진다.

REPACK TO GLASS BOTTLES

차, 깨, 시리얼

차를 자주 마시는 사람이라면 병에 담아서 오픈된 선반에 올려두자. 자주 사용하는 것일수록 병에 담는 습관을 들이면 유통기한을 넘겨 버리는 일이 사라진다.

각종 향신료의 수납장소

주방의 오픈된 선반에 무인양품의 서랍 케이스를 넣고 향신료를 넣은 작은 병들을 넣어뒀다. 위에서 한눈에 알아볼 수 있도록 라벨을 붙였다.

애용하는 유리 용기

왼쪽부터 IKEA, 인터넷숍, 니토리에서 구입한 것. 같은 종류의 용기를 구입해 옮겨 담으면 서랍 안에 수납하기도 편하다.

설탕, 소금, 간장

유리로 만든 사각 트레이에 돌소금, 허브솔트를 넣고 가스레인지 앞에 두었다. 간장, 조미료 등은 병에 담아 냉장고에 (47쪽).

파일박스에 식재료 수납하기

종이를 넣는 파일박스는 주방에서 쓸 생각을 잘 하지 못한다. 하지만 의외로 식재료를 수납하는 데 매우 요긴하다. 수납할 수 있는 양이 꽤 많은 데다 수납장 사이즈에 맞고, 박스마다 내용물을 구분해 수납할 수 있기 때문이다.

게다가 장을 볼 때 여기에 들어갈 수 있는 분량만큼만 사게 돼 필요 이상의 과잉구매를 막을 수 있다는 장점도 있다. 이걸 사용하면서부터 무턱대고 많이 쌓아두기 일쑤인 식재료를 적절하게 구입하게 됐다. 자연스럽게 유통기한이 지난 재료를 버리는 일도 사라졌다. 음식물 쓰레기, 굿바이~!

내용물

무인양품의 종이 파일박스에 왼쪽부터 건조식품, 레토르트 식품, 면류, 설탕이나 소금 등을 넣어 수납장에 넣어둔다.

위쪽의 빈 공간 활용

왼쪽부터 과자, 스펀지, 행주, 약을 넣어 수납장과 벽 사이에 2개의 압축봉을 걸치고 그 위에 얹었다.

작은 집에 딱, 오픈 선반과 왜건의 매력

주방 구석에 놓인 오픈 선반

인터넷 옥션에서 낙찰 받은 중고품이다. 여기에 전자레인지, 토스터, 조미료, 식재료가 다 들어간다. 사진에는 잘 보이지 않지만 맨 아래쪽에는 체중계가 있다.

싱크대 옆의 왜건

이것도 낙찰 받은 중고품. 쌀통이나 재활용 분리수거함을 넣고, 왜건 위에는 원두커피 분쇄기와 원두만 두고 나머지 공간은 요리하는 중에 물건을 잠시 올려두는 용도로 사용한다. 아래의 바퀴 달린 박스에는 보전 가능한 식재료를 넣어둔다.

싱크대가 너무 작고 조리대도 여유가 없는 데다 식기장도 없는 우리집 주방에 지금은 빠뜨릴 수 없는 귀한 것이 있다. 바로 투박한 오픈 선반과 왜건이다. 이 선반의 장점은 기능에 충실하면서도 심플한 모양새다. 서랍 케이스나 파일박스 등을 넣어 적당히 활용하기도 좋고 선반에는 자석을 붙여 가볍게 고리를 달 수도 있다. 내가 사용하는 것은 막음벽이 없는 오픈 선반이기 때문에 앞이나 옆, 뒤 어디서든 물건을 집을 수 있다는 점도 매력적이다. 또한 선반 깊은 곳까지도 수납할 수 있다. 주방에는 알록달록한 것보다 기능미가 뛰어난 남성적인 느낌의 선반이 어울린다. 주방다운 분위기가 기분을 좋게 해준다.

싱크대 아래의 수납 ▶ POINT 공간 낭비를 최소로

밀폐용기 뚜껑
문 뒷면에 붙인 트레이에 자주 사용하는 밀폐용기의 뚜껑만을 겹쳐서 수납한다. 꺼내기도 쉽고 많은 양을 넣을 수 있다.

밀폐용기
빈 병을 넣은 깊은 선반은 3층으로 세우고 앞쪽은 2층으로 하여 층을 만들었다. 수납면적도 넓히고 깊은 곳까지 손이 닿아 편하다.

밥솥이나 토스터
지금은 솥으로 밥을 하고 있어서 밥솥은 일단 보자기에 싸서 보관 중이다. 얼마 후 정말 불필요하다고 여겨지면 처분할 예정이다.

지퍼백
문 뒤쪽에 스마트 행거프리 바스켓을 걸고 지퍼백이나 배수구용 거름망을 걸어두면 편리하다.

주방의 종이류
배달 메뉴나 안내책자, 중요한 메모 등이 적힌 문서를 클리어파일을 이용해 문 뒤에 매달았다. 더블클립에 끼워 부착식 고리에 붙였다.

건조식품류
골동품 거리에서 발견한 빈티지 밀봉용기. 안에는 김, 보리차, 가늘게 자른 다시마처럼 자주 사용하는 건조식품을 넣었다.

각종 세제류
다이소에서 산 직사각형 박스에 세제류를 담아둔다. 박스를 꺼내면 안쪽에 넣은 물건도 꺼내기 쉽고, 액체가 흐르는 것도 막을 수 있다.

비닐봉지와 걸레
어디서나 쉽게 구할 수 있는 플라스틱 용기를 S자 고리를 이용해 걸고 한쪽에는 걸레(일회용)를, 다른 한쪽에는 비닐봉지를 넣어둔다.

싱크대 아래 수납장은 내용물이 보이지 않기 때문에 조금만 방치해도 지저분해진다. 특히 싱크대 아랫부분은 깊고 어두운 데다 배관이 있어서 수납도 쉽지 않고 해놓고도 쉽게 어질러지기 일쑤다. 물건을 꺼내면서 자주 주변 물건을 떨어뜨리거나 복잡하다고 느낀 적이 있다면 일단 물건을 전부 꺼내서 다시 수납해보자.

여기서 놓치기 쉬운 부분은 문 바로 뒷면이다. 이곳은 문을 열어 손만 뻗으면 아무런 방해 없이 물건을 집을 수 있는 최고의 수납 장소다. 트레이를 붙여 물건을 넣거나 고리를 달아 강판을 매달아두면 훨씬 편하게 꺼낼 수 있다. 문 뒷면은 수납성이 매우 높은 곳이다.

가스레인지 아래의 수납 ▶ POINT 꺼내고 넣기 쉽게

고리
평평한 고리로 문 뒤에 바구니를 걸었다. 손잡이가 커 이것을 수도꼭지에 걸 수도 있어서 뜨겁게 삶은 면을 건질 때 매우 유용하다.

거는 선반
두 개의 받침대를 고정시키고 바스켓을 걸어 냄비 뚜껑을 수납했다. 포개지지 않거나 굴러 떨어지는 냄비 뚜껑 문제를 이것으로 한방에 해결.

받침대
받침대 2개를 걸면 여기에 선반이나 고리를 걸 수 있다. 가벼운 물건을 위에 얹을 수도 있어서 매우 편리하다.

파일박스
파일박스 2개를 나란히 놓고 프라이팬과 궁중팬을 세워놓는다. 이전에는 위아래로 겹쳐서 하나의 박스에 넣었는데 이렇게 하나씩 수납하는 게 공간도 덜 차지하고 훨씬 편리하다.

냉장고용 트레이
손쉽게 구입할 수 있는 냉장고용 트레이에 사용빈도가 중~하쯤 되는 조미료를 놓는다. 꺼내기도 쉽고 액체가 흐르는 것도 방지할 수 있다.

거는 선반
싱크대 아래에도 있는 스마트 행거 프리 바스켓을 가스레인지 아래에도 설치한다. 참기름, 식용유, 식초처럼 자주 사용하는 것들은 여기에 둔다.

가스레인지 아래는 특히 수납이 중요하다. 불을 이용해 요리를 하면서 필요한 물건을 찾기 때문에 꺼내 쓰기가 쉬워야 한다. 특히 자주 사용하는 조미료는 한번에 집을 수 있는 곳에 두는 게 좋다. 조리가 끝나갈 무렵 아래 문을 열면 문 뒷면에 참기름이 있어 바로 사용하는 식이다. 냄비를 수납할 때 가장 어려운 점이 냄비 뚜껑의 처리다. 냄비 뚜껑은 잘 포개지지도 않고, 쉽게 굴러 떨어지며, 차지하는 공간도 제법 넓다. 하지만 두 개의 막대를 걸치고 선반을 걸면 뚜껑 수납을 위한 공간으로 완벽하게 변신한다. 요리할 때 가장 중요한 '가열'과 '조미'를 수납으로 홀가분하게 해결할 수 있다.

식기는 마음에 쏙 드는 것만 사자

나는 유난히 식기를 좋아해서 여행을 갈 때마다 그 지역의 그릇 가게를 찾는다. 특히 여행지에서 산 물건에는 추억도 깃들기 때문에 애착이 강한 편이다. 하지만 생각해보면 식기는 하나의 도구에 불과하다. 보기에 좋은 것도 중요하지만 일상생활에 잘 사용할 수 있다면 그것만으로도 충분하다. 하지만 포기할 수 없는 한 가지는, 이것들은 매일 사용하는 만큼 꼭 마음에 드는 것으로 갖추고 싶었다. 때에 따라 급하게 산 식기는 애착이 생기지 않고 조금 더 마음에 드는 것을 발견하면 쉽게 버리기도 했다. 그래서 나는 자주 쓰는 식기는 꼭 마음에 드는 걸로, 조금 비싸더라도 투자할 가치가 충분하다고 생각한다. 좋아하는 그릇을 사용하면 거기에 담는 요리를 하는 일도 즐거워진다. 심지어 좋아하는 그릇을 쓰면 설거지도 노동에서 즐거움으로 바뀐다. 그렇게 하나씩 마음에 쏙 드는 것으로 주방을 채워가다 보면 자주 만지고 싶고 요리하고 싶어지는 행복한 주방을 가질 수 있다.

{ 마음을 사로잡은 식기들 }

이이호시 유미코의 컵

동경하던 도자기 장인 이이호시 유미코가 만든 그릇. 가마쿠라의 잡화를 파는 한 가게에서 구입했다.

도예가 이이타카 코사쿠의 종지

향료나 간장을 담는 데 안성맞춤인데 쿠키를 얹어도 앙증맞다. 손님 접대를 할 때 내면 다들 좋아한다.

찻잔

교토에 혼자 여행 갔을 때 발견한, 꿈에 그리던 찻잔. 이것과 만나자마자 숱한 불편함을 참아온 시간을 보상받는 느낌이었다.

접시

가네자와를 여행할 때 산 접시, 반찬이 한층 맛있게 보인다.

꺼내고 넣기 편한
식기 수납법

나는 식기장이 따로 없기 때문에 식기는 싱크대 위 수납장과 아래에 설치된 선반에 수납한다. 평소 자주 사용하는 식기는 오픈된 선반을 이용하는데, 넣고 꺼낼 때 손을 뻗기만 해도 된다는 점이 포인트다. 사용 빈도가 조금 낮은 식기는 수납장 아래 칸에 두고, 평상시에 거의 사용하지 않는 손님 접대용 식기는 손잡이가 달린 케이스에 넣어 위에 넣는다. 여기서 중요한 점은 사용 빈도에 맞춘 배치다. 위로 갈수록 자주 사용하지 않는 물건들이다.

사용 빈도가 낮은 밀폐용기
자주 사용하지 않는 밀폐용기는 여기에 수납한다.

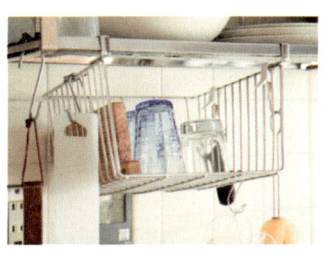

거는 선반 수납 ①
싱크대 위에 스테인레스로 만든 거는 선반을 달고 유리잔이나 작은 도마를 넣었다. 설거지를 끝낸 뒤에 그대로 놓으면 물기가 빠지고 꺼낼 때도 편하다.

높이가 다른 수납 ①
어디서나 살 수 있는 값싼 선반에 찻잔을 올렸다. 높이가 있어서 위아래에 놓아둔 식기를 쉽게 꺼낼 수 있다.

도시락통
예전엔 꽤 자주 사용했던 도시락통을 지금은 거의 사용하지 않아 위로 이동시켰다. 생활이 달라지면 수납도 함께 달라진다.

손님용 컵
손잡이가 있는 바구니에 담아 수납장 위쪽에 둔다. 평소 자주 사용하는 컵과 손님용 컵을 같이 두면 손이 닿는 공간을 빼앗기기 때문에 높은 곳에 따로 수납한다.

사용 빈도가 낮은 식기
위와 마찬가지로 바구니에 넣어 위쪽에 둔다. 위치가 높아도 손잡이가 있으니 꺼내기 쉽다. 그것도 불안하면 라벨을 붙여두면 쉽게 찾을 수 있다. 이것들은 평소엔 사용하지 않다가 가족이나 많은 사람이 방문했을 때 활약한다.

높이가 다른 수납 ②
ㄷ자의 아크릴 선반(무인양품)을 두고 뒤쪽 열을 한 단 높여 꺼내기 쉬운 공간을 만든다. 투명해서 물건이 잘 보이고, 폭도 넓어서 편하다.

거는 선반 수납 ②
원래 물건을 올리는 선반으로 나온 것을 뒤집어 걸어 작은 그릇을 수납한다. 물건의 높이와 공간을 따져 세울지 걸지 정한다.

냉장고 안의 제자리 찾아주기

냉장고 수납에서 가장 중요한 것은 '정해진 위치 관리'다. 이것을 지키지 않으면 아무리 자주 정리해도 금새 지저분한 상태로 돌아가고 만다. 예를 들면 매일 아침 먹는 우유나 요구르트가 매번 다른 장소에 있으면 막상 먹으려고 할 때 유통기한이 지나거나 한참 후에 냉장고 안쪽에서 발견되기도 한다. 교실에 앉을 자리가 정해져 있는 것처럼 냉장고도 빈 곳을 한눈에 알 수 있게 만드는 것이 중요하다. 그러기 위해 종류별로 트레이에 넣는 방법을 권한다. 가족이나 방문자들도 쉽게 알 수 있도록 트레이에 라벨을 붙이면 더 좋다. 예를 들어 '아침식사 세트', '반찬들', '조리양념'식으로. 한꺼번에 많이 사면 트레이에 다 담을 수 없기 때문에 과소비를 막는 데도 안성맞춤이다.

냉장실

간장, 요리술, 소스 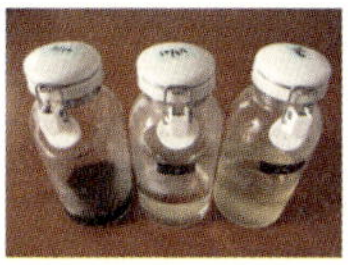
작은 밀폐병에 담아 냉장고에 넣은 날짜를 라벨로 붙인다.

조미료류

소스, 식초

껍질 벗긴 양파

밀가루 
빈병에 담아 뿌려 사용한다.

된장
법랑 같은 용기에 포장째 넣는다. 

중앙은 자유공간으로
선반을 한 장 빼 큰 공간을 확보하면 요리를 냄비째 넣고 식힐 수 있는 귀중한 공간이 된다.

음료

반찬들

아침식사 세트

면류

트레이나 박스에 넣어 라벨링을 해두면 다른 종류와 섞이지 않는다. 트레이를 당겨 꺼내면 안쪽의 물건을 파악할 수 있고 꺼내기도 쉽다.

야채실

높이가 없는 것, 눌러놓기 쉬운 것

사용 중인 야채

아래 안쪽은 약간의 높이가 있는 것, 밀봉용기나 볼을 그대로 넣기도 한다.

앞쪽에는 키가 큰 음료, 긴 야채 (야채통을 세워서)

경험상 야채는 형태별로 구분하는 게 좋다. 뎅글뎅글한 것, 긴 것, 얄팍한 것 식이다. 역시 기본은 '세우는' 것. 겹치면 그것으로 끝이다. 아래쪽에 있는 걸 잊지 말 것.

냉동실

남은 식재는 뚜껑에 날짜를 적어 보관

생선

고기

빵가루

카레류

면류

머핀

위쪽은 정리박스로 분류. 고기와 생선은 사용하기 편한 사이즈로 나눠 랩핑. 아래쪽은 모든 물건이 잘 보이도록 세워서 수납. 내용물과 냉동한 날짜를 적은 라벨을 잊지 말 것.

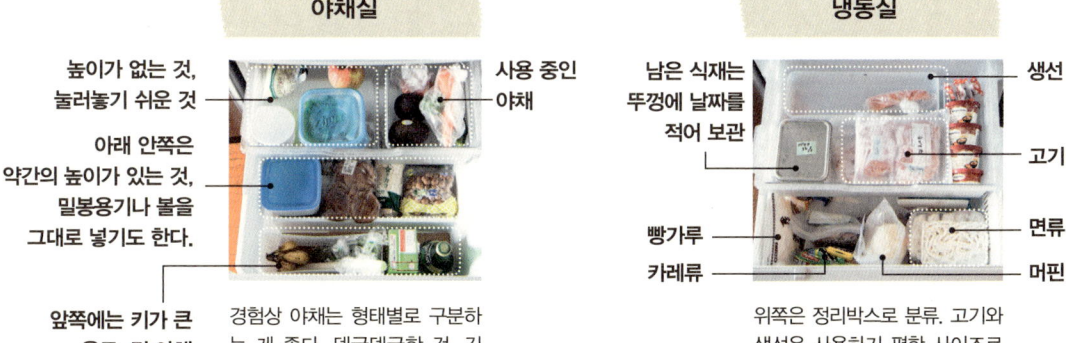

지금부터는 정리수납 서비스를 의뢰한 고객들의 실제 사례를 소개한다.

Consulting case 1

주방의 수납

희망사항 ✦ 식기를 꺼낼 때의 불편함을 해소하고 싶다.
작업장소 ✦ 주방

BEFORE → **AFTER**

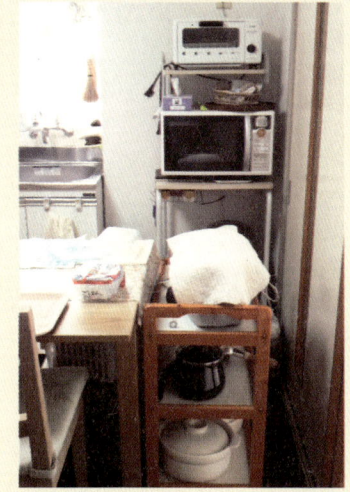

테이블 옆에 놓인 왜건 탓에 전자레인지로 가는 동선이 막혀 있었다. 왜건을 테이블 반대쪽으로 옮기자 전자레인지 이용이 쉬워졌다. 왜건의 이동 범위도 넓어져 결과적으로 본래의 기능을 회복했다.

BEFORE → **AFTER**

선반의 각도 변경
물건을 집기 위해 돌아가야 했던 선반을 조리대와 평행하게 만들어 몸을 돌려 바로 집을 수 있도록 배치했다. 가스레인지 앞도 넓어졌다.

BEFORE

AFTER

식수통의 이동
테이블 아래 식수통이 있어 의자가 하나밖에 들어가지 않았다. 식수통을 싱크대 옆으로 옮기고 부부가 같이 앉을 수 있는 의자를 마련했다.

BEFORE

BEFORE

AFTER

AFTER

식기 수납
따로 된 식기장이 없기 때문에 전자레인지와 싱크대 아래에 정리했다. 앞에 구분할 수 있는 선반을 놓아 수납공간을 넓혔다.

냄비 수납
냄비가 왜건이나 수납장으로 분산되어 있어서 싱크대 아래에 모두 모으는 데 초점을 맞췄다. 문에는 자주 사용하는 프라이팬을 걸었다.

의뢰인의 평가
간단해 보이지만 왜 그 생각을 못했을까요? 왜건의 위치만 바꿨는데도 동선이 확보되고 테이블 아래가 말끔히 치워지면서 기분 좋은 주방이 되었답니다. 처음 이 집에 이사왔을 때처럼 가슴이 설레었어요. 또 가스레인지 앞에 놓인 수납장의 방향을 조금 바꿨을 뿐인데도 마음의 여유가 생겨 편안하게 요리할 수 있게 되었어요.

CONSULTING CASE 2

주방 벽걸이 수납장

희망사항 ✢ 갑자기 누가 찾아와도 기분 좋은 집으로 보였으면!
작업장소 ✢ 주방

BEFORE

AFTER

제 위치를 찾지 못한 물건들로 가득했던 조리대나 전자레인지 위가 무엇보다 거슬렸다. 그래서 주방 수납에 앞서 모든 물건을 꺼내 정말 필요한 것인지 하나하나 체크했다. 컨설턴트가 수납에 대한 정보를 제공할 수는 있지만 물건이 필요한지 아닌지를 결정하는 것은 바로 본인이다. 주인이 큰맘 먹고 버리고 남은 물건들을 정리하고 보니, 함께 있을 때보다 훨씬 빛나 보였다.

가운데 수납장
위쪽은 사용 빈도가 낮은 식기나 치즈퐁듀 세트를, 아래쪽에는 자주 사용하는 접시를, 각각 꺼내기 쉽게 수납한다.

왼쪽 수납장
위쪽은 사용 빈도가 낮은 와인잔이나 고급 접시들로 채웠다. 상자에 넣은 물건은 내용물을 알 수 있도록 라벨을 붙인다.

오른쪽 수납장
위쪽 절반은 파일박스를 사용하여 제과용 도구를 나누어 수납하고 아래는 여유를 두고 자주 쓰는 조리도구나 빵을 담는다.

> **의뢰인의 평가**
> 이렇게 한번 적절한 수납방식을 갖추어 놓으니 그 상태가 그대로 유지되더군요. 집이 깔끔해졌을 뿐만 아니라 기분이 좋아지는 수납 습관이 덤으로 생겼어요. 내가 늘 그리던 집이 됐고, 갑자기 누가 찾아와도 더 이상 주눅들거나 눈치보지 않게 되었답니다.

PART 3

거실

낡은 투룸의 3평 남짓한 거실. 처음에는 너무 좁아서 걱정이 많았다. 그래도 실망하지 않고 최소한 필요한 것을 각각 역할에 맞는 장소에 배치했더니 오히려 손만 뻗으면 무엇이든 닿는 편안한 장소로 탈바꿈했다.

나는 이곳에서 식사, 컴퓨터 작업, 일, 화장, 독서를 하고 휴식까지 취한다. 잠자는 시간을 제외한 대부분의 시간을 이곳에서 보내는 셈이다. 따라서 내 생활에 필요한 아이템은 모두 이곳에 있다고 봐도 무방하다. 반대로 의미 없이 이곳에 존재하는 것들은 거의 없다고 보면 된다. 집에서 가장 많은 시간을 보내는 장소인 만큼 온갖 물건으로 가득 채워 마음을 흐트러뜨리고 싶지 않았다.

자연인으로 편안히 쉴 수 있으면서도 손만 뻗으면 필요한 물건을 집을 수 있는, 그런 거실이 내가 꿈꾸던 거실이다.

L I V I N G

꿈의 소파

포근한 온기를 느낄 수 있는 가구나 잡화를 선호하다 보니 집안에 하나씩 고가구나 중고품이 들어왔다. 한때 유행했던 모던한 디자인을 동경한 적도 있지만 지은 지 43년이나 된 이 집에 최대한 맞추기 위해서는 은은함이 묻어나는 고가구나 천연소재가 더 어울렸다.

평소 소파가 있었으면 하는 바람이 컸기 때문인지, 보자마자 첫눈에 반한 것이 이 unico의 MOLN 가죽소파다. 낡은 방에도 잘 어울리고, 앉을 때나 누울 때의 느낌이 정말 좋다! 소파 아래에는 낡은 나무상자를 두고 잡지나 책, 사진앨범 등을 넣어두었다. 편하게 앉아 책을 보거나 누워서 사진을 보는 즐거움은 내겐 결코 포기할 수 없는 시간이다.

앉거나 누운 채로 쉽게 꺼낼 수 있는 귀중한 수납공간.

생활에 음악을 더하라

◀ 무인양품의 벽걸이식 CD 플레이어
▼ 스마트폰에 있는 음악을 들을 때 사용하는 BOSE의 무선 모바일 스피커.

과감하게 텔레비전을 치웠다. 시간을 끝도 없이 잡아먹는 도둑인 데다 한번 중독되면 빠져나오기도 쉽지 않기 때문이다. 정 필요하면 컴퓨터로 보면 된다. 그래서 우리집은 기본적으로 무음 공간이다. 장단점이 있는데, 잠을 잘 때나 집중할 때는 좋지만 단순한 집안일을 하거나 쉬는 시간에는 음악이 듣고 싶어진다. 그래서 다양한 장르의 음악을 CD나 파일 형태로 갖춰놓고 기분에 따라 골라 듣고 있다. 처음엔 그저 심심해서 들었지만 지금은 제법 음악을 즐기며 일할 수 있는 수준까지 이르렀다.

음악은 지루함을 없애줄 뿐 아니라 마음이 우울하거나 불안할 때 진정시켜 주는 효과가 있다. 또 청소나 단순한 일을 할 때 잡생각을 없애주고, 작업하는 손놀림을 빨라지게 해준다. 좁은 집에 거창한 오디오 시설이나 공간을 많이 차지하는 음향기기는 적합하지 않다. 벽에 걸거나 좁은 공간에도 어울리는 음향기기를 찾아보자.

생활과 밀접한 아이템은 눈에 띄는 곳에

소파 앞에 놓은 탁자의 용도는 매우 다양하다. 차도 마시고 일도 하고 밥도 여기서 먹는다. 이 탁자는 중고 인터넷 사이트에서 산 것인데(단돈 5만원!) 선택할 때 가장 신경 쓴 부분이 '수납도 가능한 테이블'이었다. 왜냐하면 좁은 거실에서 눈에 띄지 않으면서도 작은 물건들을 놓을 수 있는 공간이 필요했기 때문이다.

여기엔 손톱깎이나 핸드크림 등 자주 쓰지만 소소한 것들을 넣어두고 바로바로 꺼낼 수 있도록 했다. 또 매월 공과금이나 택배의 착불 배송료에 필요한 잔돈을 작은 투명 케이스에 넣어두면 매우 편리하다. 이런 생활밀착형 물건은 있어야 할 자리에 있으면 생활이 몇 배는 쾌적해진다. 쟁반도 주방이 아닌 이곳에 두면 간편하게 쓰고 바로 치울 수 있다.

동그란 나무박스에 린넨 식탁깔개, 쟁반, 냄비받침대를, 네모난 나무상자에는 각종 크림, 손톱깎이, 체온계, 동전 케이스 등을 넣었다.

컴퓨터 작업대와 문구 보관

직접 만든 펜꽂이

펜을 꽂을 용기에 양면테이프를 2장 붙인다.

↓

벽에 붙여도 흔적 없이 벗겨진다.

↓

설치하고 싶은 곳에 꾹 눌러 붙이면 완성.

우리집은 너무 좁아 시중에서 판매되는 컴퓨터 책상을 놓을 데가 없었다. 그렇다고 바닥에 앉아 컴퓨터를 하면 허리도 아프고 작업 능률도 떨어진다. 방법을 찾아 참 여러 가지 시도를 해봤다. 각종 작은 테이블과 의자가 거쳐 갔지만 결국 어느 것도 정착하지 못했다. 최종적으로 옛날부터 애용하는 낮은 테이블의 다리를 바꿔 달아 앙증맞은 테이블을 만들었다.

그토록 바라던 컴퓨터 책상이 생겼으니 그 주변을 어떻게 수납할지도 고민이었다. 무엇보다 공간이 좁아서 필기도구나 책꽂이 등을 놓을 수 없었다. 그래서 생각해낸 것이 벽에 펜꽂이를 붙이는 것이다. 자주 사용하는 펜이나 칼, 가위를 여기에 수납한다.

'가장 자주 사용하는 곳에 가장 심플한 수납'이 나의 신조이다. 이 생각만으로도 일하기가 훨씬 수월하다. 방이나 습관이 바뀔 때는 그것에 맞춰서 다시 수납해보길 권한다.

사물에 이끌리는 수납

가장 이상적인 수납은 평소 별 생각 없이 지내지만 저절로 물건이 제자리를 찾아가는 수납 형태다. 예를 들면 '모자를 벗었다 → 옷장에 건다', '쟁반을 샀다 → 테이블 아래에 둔다'처럼 '어디에 두자'는 특별한 생각을 할 필요 없이 물건에 이끌려 저절로 수납하는 시스템 말이다. 마치 편지가 우편번호별로 쏙쏙 분류되어 배달 장소로 운반되는 것과 같은 이치다.

갖고 있는 모든 물건이 제가 있어야 할 수납장소로 이끌려 가는 상태라면 정리에 대한 심리적 부담은 아주 적은 단계라고 봐도 된다. 이렇게 되면 큰 힘을 들이지 않고 정돈된 삶을 살 수 있다. 하지만 그 많은 물건이 원래 있어야 할 제자리를 정하는 일도 만만찮은 일이다. 이제부터는 하나씩 그 해결책을 소개한다.

사용 빈도가 높은 문구류

↓ 내용물

컴퓨터 책상 옆, 손만 뻗으면 닿는 수납장에 서랍식 케이스를 놓고 자주 사용하는 문구류를 보관한다. 업무용 파일도 같은 곳에 세워서 정리한다.

서류 파일

보험증명서, 세금고지서, 급여명세서처럼 일정 기간 보관해 둬야 할 서류를 넣는다. 편지나 마음에 드는 우편물은 각각 지정한 포켓에 넣는다. 그것들이 어느 정도 모이면 노트에 붙이거나 폐기하는 식으로 처리한다.

사용 빈도가 낮은 문구류

기타 문구류는 주방의 오픈 수납장에 보관한다. 주방에서 자주 사용하는 마스킹 테이프나 더블클립도 여기에 둔다.

미용·위생 잡화

여행용품, 손톱깎이, 눈썹 다듬기, 사은품으로 받은 샘플 등 자잘한 물건은 거실이 아니라 세면대 아래 문 뒤에 고리로 걸어놓은 정리주머니에 수납한다. 비교적 여유 있는 장소이므로 망설일 필요 없이 넣어주자.

갈 곳 없는 물건들은 이곳에

창가에 놓인 나무 선반 아래의 와이어 바스켓은 부족한 수납을 보완하는 중요한 공간이다. 거실에서 주소가 분명한 물건(잡지, 책, 화장품, 문구류, 쟁반, 액세서리) 이외의 물건은 모조리 여기에 들어간다고 보면 된다. 요컨대 어디에 둘지 모르는 물건들의 집합소이다.

어디에 둘지 망설여지는 물건이라면 이렇게 일시적으로 수납할 공간을 마련해두면 좋다. 이렇게 하면 새로 사는 물건이나 가끔 쓰는 물건을 미아로 만들지 않아도 된다. 일단 던져 놓았다가 나중에 찾을 수 있는 도피처로도 유용하고, 구석에 물건이 방치되는 것도 막을 수 있다. 물론 이 도피처는 절대 일시적인 장소로만 이용해야 한다. 이곳이 물건으로 가득 차기 전에 적당한 수납장소로 옮기거나 돌려주거나 처분하는 등 다음 단계를 밟아야 한다.

IKEA 바구니 안에 바스켓, 박스, 파우치를 담았다. 이곳에 예비물품, 빌린 물건, 수리 예정인 물건을 잠깐 보관한다.

장식은 엄선하여 최대한 심플하게

이 집으로 처음 이사왔을 때 나는 뛸 듯이 기뻤다. 드디어 나만의 성을 가졌다는 설렘은 좋아하는 물건에 둘러싸여 살고 싶다는 욕망으로 바뀌었다. 당장 평소 꾸준히 모아오던 그릇이나 양초, 액자, 엽서 등을 눈에 잘 띄는 곳에 배치했다. 그랬더니 정작 물건 하나하나의 매력은 온데간데 없어지고 온 집안이 산만해 보였다. 게다가 곧 뿌옇게 먼지까지 쌓이며 골칫거리가 되고 말았다.
아무리 좋아하는 물건이라도 각각의 물건이 간직한 생명력이 느껴지지 않으면 의미가 없다. 이 사실을 깨달은 뒤부터 나는 정말 마음에 쏙 드는, 엄선된 것만을 골라 신중히 장식한다. 색상과 디자인을 고려해 최소한의 장식을 하는 것이 작은 집의 포인트다.

액자에 넣으면 일러스트가 한층 돋보이고, 엽서도 멋진 작품이 된다.

집안에 은은한 민트향을!

아로마테라피 자격증을 가진 친구가 있어, 그 친구를 통해 민트향의 진가를 알게 되었다. 민트의 청량하고 상쾌한 향기는 기분을 상큼하게 만들어주고, 진정효과도 있어서 마음을 차분하게 해준다. 그때부터 집에 사용하는 방향제는 민트 계열로 통일했다. 그래서 우리집에서는 언제나 은은한 민트향이 배어나온다. 시중에 파는 방향제들은 어쩐지 내키지 않는다.
민트향은 향기가 독하지 않아 좋다. 어쩌다 방에 방향제를 뿌려도 곧 냄새가 날아가기 때문에 손쉽게 사용할 수 있다. 달콤한 향기가 아니라서 남자들에게도 꽤 잘 어울린다.

걸레를 헹구는 물에 몇 방울

탈취효과도 좋지만 청소할 때 긴장을 풀어준다. 무인양품의 에센스오일·페퍼민트.

화장실 세면대에 몇 방울

은은한 향기와 청결감이 한결 높아진다.

화장실의 아로마 램프

은은한 등과 함께 피어오르는 향기. MARKS & WEB의 제품.

* 민트는 자극이 강하기 때문에 0.5% 이하로 주의하여 사용해야 한다. 또 각성효과가 있기 때문에 취침 전 사용은 삼가는 것이 좋다. 피부에 닿는 경우에는 사전 테스트를 거친 뒤 사용하자.

룸 스프레이

침실 옆 서랍장에 MARKS & WEB의 룸스프레이와 바디크림, ORIGINS의 리프레시 젤 '피스 오브 마인드'를 상비해둔다.

샴푸와 린스

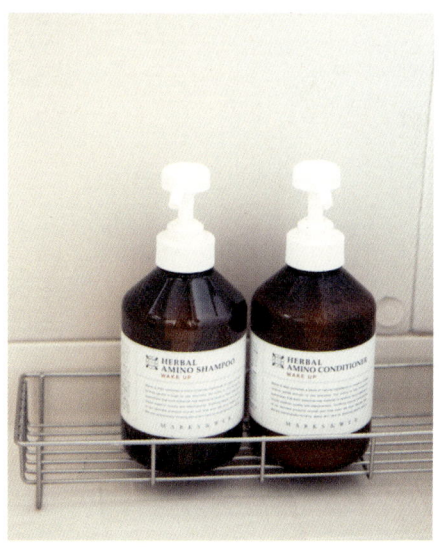

MARKS & WEB의 '웨이크업'이라는 민트향의 샴푸와 컨디셔너.

집안에 자연을 옮겨놓자

집안에 화초를 키우는 일은 쉽지 않다. 하지만 꽃 몇 송이나 작은 화분, 화초 등이 있는 것과 없는 것은 하늘과 땅 차이다. 화초를 놓으면 집안이 생동감 있는 공기로 가득차고 좋은 에너지가 깃드는 것을 느낄 수 있다.

나는 한 달에 몇 번 꼭 꽃집에 들르는데, 내게는 빼놓을 수 없는 작은 사치다. 방에 꽃이나 초록색이 있으면 그 자체만으로도 옆에 지저분하게 늘어져 있던 것들을 말끔하게 치우고 싶은 마음도 생긴다. 아름다움의 상호작용인 셈이다.

꽃병은 창가에 있는 나무 선반 위에 있는 거울 앞에 둬 두 배의 시각적 효과를 줬다. 거실에 커다란 거울을 두면 방도 넓어 보일 뿐 아니라 화초 빛깔도 훨씬 풍성하게 느껴지는 효과가 있다. 정성을 들이고 가꾸는 일이 조금 번거롭겠지만 자연이 있는 생활은 삶을 더욱 윤택하게 한다.

나를 위한 작은 선물

나는 가끔씩 집안에서 혼자만의 선술집을 연다. 거실에서 한 잔, 베란다에서 한 잔……. 저녁 반찬으로 만들어둔 도톰한 데리야키를 안주 삼아 붉은 석양 아래서 잔을 기울이다 보면 말할 수 없는 행복감이 밀려온다. 가끔은 열심히 일한 나를 위해 맛있는 맥주로 상을 주기도 한다. 때론 영화를 보거나 친구와 담소를 나누면서 긴장을 풀고 그 순간을 음미한다.

이러고 나면 마음의 응어리가 술술 풀리고 기분 좋게 내일을 맞이할 수 있는 마음 상태로 전환된다. 작지만 소소한 이런 순간이 있어서 덜 지치고, 스스로 이런 선물을 준비하면서 삶이 더 풍성해지는 느낌이다.

PART 4
옷장

우리집에 설치되어 있는 수납장이라곤 신발장을 빼면 침실 한 곳이 전부다. 여기에 이불이며 옷, 잡화 등 온갖 물건이 들어간다. 따라서 이 공간을 어떻게 활용할지 고민이 많았다. 무엇보다 방이 좁아 다른 서랍장을 들여놓을 공간이 없었다.

원래 있던 이 붙박이장은 용량이 크고 깊다는 특징이 있었다. 그래서 깊은 안쪽부터 수납하면 앞쪽을 제대로 활용할 수 없고, 앞쪽에 물건을 두면 깊은 곳을 사용하기 어려워진다는 단점이 있었다. 어떻게 하면 공간의 낭비 없이 모든 물건을 쉽게 꺼낼 수 있을까? 내 고민은 그것이었다.

역시 기본은 물건의 사용 빈도에 따라 붙박이장의 앞쪽과 뒤쪽을 접근하기 쉬운 공간으로 만드는 것이었다. 문을 조금만 열어도 자주 사용하는 물건이 쑥 얼굴을 내밀도록 작은 수납장을 넣거나 받침대를 걸거나……. 붙박이장은 수납 아이템의 밀집공간이다.

붙박이장이 없는 사람이라면 처음부터 치밀한 계획을 짜 방 크기와 갖고 있는 물건, 습관에 맞춘 옷장이나 수납장을 사길 권한다. 당장 필요하거나 디자인이 이쁘다고 아무거나 덥석 사면 나중에 처치 곤란이 된다.

CLOSET

묶음판매는 수납의 훼방꾼

집안을 둘러보면 그냥 공간을 차지하고 있을 뿐 거의 사용하지 않는 물건들이 꽤 많다. 그런 물건의 대부분은 자신의 의지로 샀다기보다 억지로 사게 된 물건들일 경우가 많다. 예를 들면 석 장을 사면 20%를 할인해주는 캐미솔이나 두 개를 사면 하나를 덤으로 주는 양말 등이다. 처음부터 석 장이 필요해서 매장에 간 것도 아닌데 '대폭 할인', '깜짝 세일'이라는 문구에 이끌려 석 장을 사는 게 이익이라는 착각에 빠지는 것이다. 그렇게 구입한 물건은 대체로 품질이 좋지 않아서 곧 늘어지거나 해지기 일쑤다. 원하는 것은 단 한 장이었는데, 쓰지도 않을 물건을 석 장이나 구입하다니, 우리는 왜 한두 번도 아니고 반복적으로 그런 실수를 할까……. 하기야 알면서도 그 유혹을 외면하기란 참 쉽지 않다.

누구나 그렇지만, 특히 작은 집에 사는 사람은 물건을 살 때 진심으로 원하고 오랫동안 쓸 수 있는 '질 좋은 것'과 만나기 위해 의식적으로 노력해야 한다. 그리고 자신에게 필요한 적당량을 냉정히 파악할 필요가 있다. 이것이 경제적으로 부담도 줄이고 내 욕구도 채워주는 소유법이다.

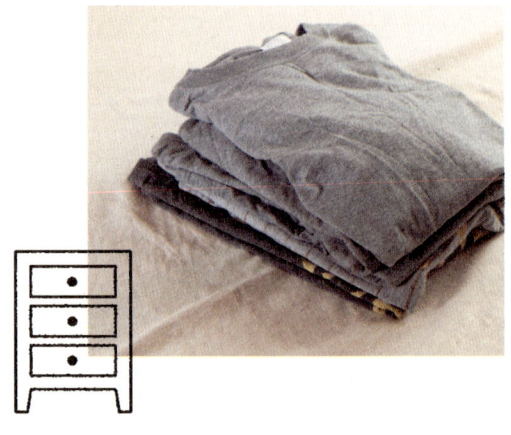

수납장이 부족할 때 반드시 체크할 것!

옷이 많아 더 넣어둘 곳이 없다는 이유로 수납용품을 덜컥 구입하는 건 금물이다. 옷장이나 서랍장에게 방을 내준 채 갑갑한 생활을 해야 한다면 그거야말로 주객이 전도된 꼴이다. 옷에 의한 행복이 아니라 집이 좁아지는 불행만 초래하고 만다.

그렇다면 평소 옷이 넘치는데도 또 사게 되는 이유는 뭘까? 그것은 마음에 드는 것을 손에 넣을 수 없다는 허전함 때문이다. 어떤 옷이 갖고 싶은 게 아니라 갖고 싶다는 마음에 집중해버리기 때문에 생기는 결과다.

그런 때에는 조금 떨어져서 자신을 바라보라고 말하고 싶다. 조금 떨어진 곳에서, 옷가게에서 옷을 집어드는 자신을 지켜보는 것이다. '이미 그 비슷한 걸 갖고 있잖아', '그걸 사서 대체 어디에 넣을 생각이야?'라고 묻는 게 그 첫걸음이다. 말끔하게 정돈된 집을 만들고 과소유 상태에서 벗어나기 위해 필요한 과정이다.

나아가 자신이 어떤 아이템을 몇 장 가지고 있는지 종류별로 파악해두는 것도 권하고 싶다. 자신이 이미 가지고 있는 내용과 양을 알면 불필요한 지출과 낭비를 줄일 수 있다.

붙박이장을 구석구석 활용하는 방법

미닫이문 3장분의 널찍한 붙박이장. 우리집은 물건의 대부분을 여기에 수납하기 때문에 사실 여러 번의 시행착오를 되풀이했다. 그중에서도 가장 도움이 됐던 방법은 압축봉을 설치하는 것이다. 압축봉은 잘만 사용하면 방치하기 쉬운 구석구석을 새로운 수납공간으로 탈바꿈시켜 준다. '이 공간을 어떻게 사용할까?'라는 생각이 들면 제일 먼저 '걸 수 있는가?'를 생각해보기 바란다. 또 서랍식 케이스는 용도나 빈 공간에 맞춰서 자유자재로 조합할 수 있기 때문에 장롱에 직접 두는 것보다 사용하기 편하다.

압축봉
압축봉을 세로로 걸고 좀처럼 입지 않는 정장이나 철 지난 코트 등을 서랍 케이스 뒤쪽에 건다.

소품 홀더
소품 홀더(무인양품)를 행거에 걸어서 벨트나 양말 같은 자잘한 소품을 넣는다.

왼쪽 서랍 4개
이 안에는 우리 부부의 룸웨어를, 나머지 3개에는 남편의 티셔츠를 수납한다. 깊은 서랍 케이스를 이용해 둥글게 말아서 세우면 꽤 많은 양을 넣을 수 있다.

서랍 3단
내 옷의 대부분을 이곳에 수납한다. 위에 얹어진 바구니는 한 번 입고 세탁하지 않은 니트나 숄 등을 일시적으로 수납하는 장소로 이용한다.

이부자리
매일 넣었다 꺼냈다 반복하는 이부자리는 아래쪽에 넣자. 높이 들지 않고 그냥 밀어넣기만 해도 돼서 편하다.

붙박이장용 행거
붙박이장 행거를 넣고 자주 입는 셔츠나 유행하는 것들을 건다. 이 안쪽에는 좀처럼 사용하지 않는 악기나 운동기구 등을 넣어둔다.

슬라이드식 행거
재킷이나 두꺼운 셔츠는 붙박이장 슬라이드 행거에 건다. 앞쪽으로 당기면 안쪽에 수납한 물건을 쉽게 꺼낼 수 있다.

보드박스
업무용 파일은 무인양품에서 구입한 펄프 보드박스에. 옆에는 멀티포켓을 걸어 자잘한 세면용품을 수납한다. 안쪽에는 가로방향의 책장을 두어 자료나 사전을 수납한다.

문고본 · DVD
한 번 본 뒤에 버리지 않고 소장할 책이나 DVD를 넣는다. 이 박스에 들어가는 양만큼만 소유한다.

가방
압축봉을 세로로 걸고 S자 고리를 이용하여 건다.

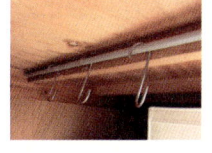

오른쪽 아래의 서랍 케이스 4개
철 지난 바지, 관혼상제에 사용하는 소품, 그다지 사용하지 않는 셔츠나 넥타이, 파우치, 앞치마 등을 수납한다. 자질구레한 물건이 많아도 라벨링을 해두면 쉽게 찾을 수 있다.

PART 4 옷장

의류는 세워서 수납하라

의류를 보관할 때 기본적인 요령은 옷들을 겹치지 않도록 하는 것이다. 서랍을 열었을 때 무엇이 있는지 한눈에 보이지 않아 입지 않고 지나치는 옷이 없도록 하기 위해서다. 책장에 비유하자면 책꽂이에 책을 꽂듯이 정리하면 된다. 그때 도움이 되는 게 서랍 안에 넣는 칸막이인데, 그 장점으로 크게 3가지를 꼽을 수 있다.

① 서랍 안을 구분함으로써 아이템마다 제 위치가 분명해진다.
② 하나를 꺼냈을 때에 옆에 있는 것이 무너지지 않아서 정연한 상태를 유지하기 쉽다.
③ 케이스가 정리 기준이 되어서 수납할 양을 조정할 수 있다. 예컨대 레깅스를 넣는 줄이 꽉 차 있다면 더 이상 구매해서는 안 된다는 뜻으로 해석하면 된다.

높이가 낮은 케이스

서랍 안에 수납용 부직포 정리함(무인양품)을 넣고 속옷이나 탑을 수납한다. 내용물은 티셔츠, 긴팔 속옷 등. 종류와 양을 한눈에 파악할 수 있다.

높이가 있는 케이스

↳ 내용물

두꺼운 티셔츠는 부피가 꽤 나가기 때문에 돌돌 만 후 세워서 수납한다. 적당히 깊은 서랍에 파일박스 3개를 나란히 놓아 셔츠 한 장을 꺼내도 전체 틀이 무너지지 않도록 했다.

망이 성긴 케이스

높이 있는 서랍을 모든 게 한눈에 보이는 와이어 바스켓(IKEA)으로 바꿨다.

정리함 다림질법

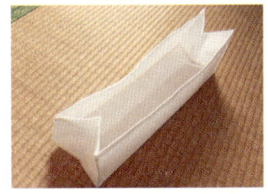 →  →

접힌 상태로 판매되고 있어서 처음에는 똑바로 서지 않는다.

천을 대고 바닥에 다림질을 한다.

빳빳하게 선 상자 모양이 된다. 반듯하게 서지 않는 선이 신경 쓰이는 사람은 이렇게 다림질을 한번 해보자.

개는 것도 귀찮다면 이렇게!

세상에는 세탁물을 개면서 행복을 느끼는 사람과 가능하면 피하고 싶은 사람으로 나뉜다. 나는 후자에 속하지만 어느 쪽도 잘못된 것은 아니다. 자신의 성격에 맞는 수납을 하면 그뿐이니까. 우리 엄마는 후자에 속하는 사람이다. 옷장 안은 언제나 던져 놓은 옷들로 너저분했다. 그래서 하루는 '개지 말고 걸자'고 제안하고 강력한 압축봉과 여러 개의 행거를 구입했다. 그러자 그날부터 옷장이 깔끔하게 정돈되어 늘 깨끗한 상태를 유지할 수 있었다. 엄마는 아침마다 옷을 고르는 일이 수월해졌다며 기뻐하셨다.

어떤 방법이든 좋다. 자신의 생활이 더 편하고 즐거워지도록, 자신에게 맞는 방법을 개발하면 된다. 꼭 이렇게 해야 한다는 원칙 같은 건 없다.

바구니 안에

마음에 드는 바구니는 보기만 해도 절로 기분이 좋아지고 뭐든 넣고 싶어진다. 그래서 착용 시간이 짧고 가벼운 옷들을 여기에 담아 어질러지는 것을 막는다.

양말

무인양품의 소품홀더에 동그랗게 말아서 넣는다. 너무 많으면 선택하기가 어려워지기 때문에 자연스럽게 적당량을 유지하게 된다. 이렇게 쓰다 보면 몇 개만으로 번갈아 신어도 충분하다는 것을 알게 된다.

속옷

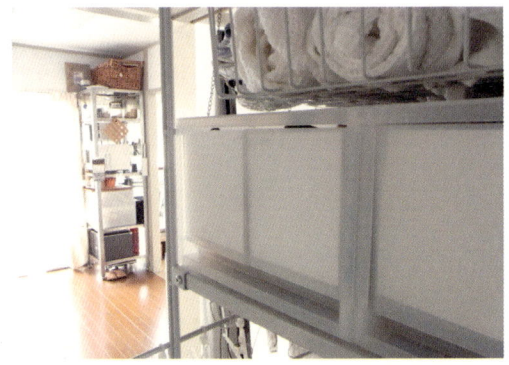

나는 팬티를 개지 않고 자연스럽게 던져둔다. 세탁기 부근에 마련한 서랍에 말린 세탁물을 그대로 던져 놓는 것이다. 수납이 쉬운 것은 물론 의외로 찾기도 쉽고 꺼내기도 간단하다.

파자마

파자마나 샤워 가운은 침실에 놓인 천바구니에 넣어 습기를 날린다. 겨울철 너저분하게 흩어진 실내복도 여기에 넣는데 개도 좋고 그냥 던져 넣어도 좋다.

좋아하는 옷은 밖에 걸자

평소에 자주 입는 옷이라면 수납장 밖(벽면)에 걸어두는 것도 좋다. 금방 꺼내 입을 수 있다는 게 가장 큰 이점이다. 게다가 마음에 드는 물건이라면 눈으로 즐기는 기쁨까지 덤으로 얻을 수 있다. 그야말로 좋아하는 것에 둘러싸여 지내는 생활을 누리는 셈이다.

만일 옷장이 가득 찬 상태에서, 자주 입는 옷을 수납만을 목적으로 억지로 구겨 넣으면 어떻게 될까? 옷도 구겨지고 정리하는 것도 귀찮아지면서 조금씩 방치하는 습관이 생긴다.

누구나 밖에 나와 있어도 좋은 옷 한 벌쯤은 갖고 있지 않을까?

이렇게 생각을 조금만 바꾸면 방이 또 다른 모습으로 탈바꿈할 수도 있다.

벽걸이 타입의 고리 ①

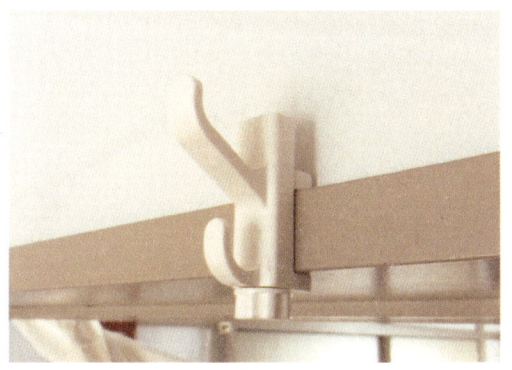

손쉽게 구입할 수 있는 더블 고리. 뭔가를 걸기에 유용해서 모자를 걸거나 세탁물을 실내에서 말릴 때도 편리하다.

벽걸이 타입의 고리 ②

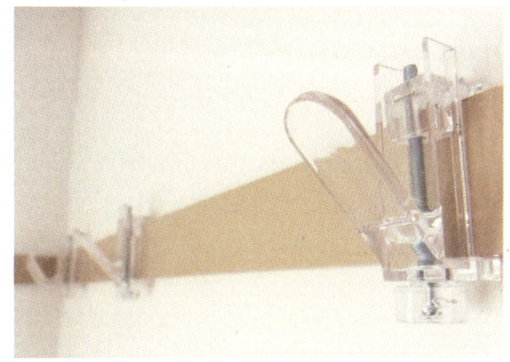

나사로 죄여 고정시킨 고리. 벽에 구멍을 뚫을 수 없는 임대 주택에 사는 사람에게 적합하다. 투명해서 눈에 띄지 않는다는 장점이 있다.

바지

바지 5벌을 걸 수 있는 행거(IKEA). 걸어놓은 바지가 한눈에 보여 옷 고르는 시간도 줄일 수 있다.

정장

다림질한 와이셔츠와 함께 서랍 옆에 걸어둔다. 옷을 갈아입을 때는 다른 곳으로 이동할 필요 없이 한 자리에서 끝낼 수 있다.

붙박이장 안쪽과 옷걸이 사용법

높이나 위치를 얼마든지 조정할 수 있다는 점이 압축봉의 매력이다. 가능한 위쪽에 걸어 옷들이 바닥에 끌리지 않게 한다.

가로 세로로 엇갈려 걸친 강력한 압축봉. 세로로 건 압축봉 안쪽에는 사용 빈도가 낮은 것을 건다.

붙박이장과 내 옷의 길이는 거의 비슷하다. 바닥에 닿지 않는 게 포인트.

옷걸이 2개로 롱 드레스를 전부 수납했다. 미끄럼방지 옷걸이를 쓰면 밀려 떨어지지 않는다.

앞서 말했듯이, 수납하기 쉽지 않은 공간일수록 고민도 함께 커진다. 안쪽 깊은 곳까지 구석구석 수납하기 위해 여러 시도를 해본 결과, 접근성이 나쁜 장롱 안쪽은 사용 빈도가 낮은 것을 수납하는 게 여러모로 옳았다. 그래도 앞쪽에 걸어놓은 옷을 살짝 옆으로 밀면 바로 꺼낼 수 있도록 작은 틈새는 남기는 배려가 필요하다. 착용 빈도가 높은 것은 바깥쪽에 걸고 안쪽에는 길이가 긴 옷을 수납했다.

꽤 깊은 장롱이나 붙박이장을 제대로 활용하는 기술은 실제로 해보지 않고는 좀처럼 익숙해지지 않는다. 공간도, 소유한 물건도 사람마다 제각기 다르기에 상상만으로는 답을 찾기 어렵다. 당장 시도해보자.

라벨을 붙여 내용물을 한눈에

안에 들어 있는 물건을 종류별로 자세히 적기. 라벨 프린터로 출력하여 붙인다.

내 티셔츠는 여기에. 테이프 라이터의 영자 라벨은 귀엽다.

의류 커버에도 태그를. 우유병의 캡과 마 끈으로 만든 꼬리표.

간단한 라벨을 붙일 수 없는 천으로 된 수납용기에는 태그에 손으로 쓰거나 라벨 프린터로 라벨링한다.

모처럼 시간을 내 일목요연하게 정리를 했는데 무엇을 어디에 뒀는지 생각이 나지 않는다면 낭패다. 이런 스트레스를 해소하는 데 필요한 것이 라벨 붙이기다. 여기서는 붙박이장을 예로 들어 라벨링 요령을 설명한다.

개인 서랍이라면 '누구의, 무엇'이 들어 있는지를 라벨에 표시한다. 조금 정성을 들여 옷이나 양말 모양의 스티커를 붙이면 보는 즉시 알 수 있어서 편리하다. 이런 방법은 자녀의 정리정돈 교육에도 추천한다. 많은 종류의 물건이 한꺼번에 들어 있는 경우라면 상세한 내용을 적어두자. 존재를 잊어버리면 없는 것과 같다. 새로운 물건이 들어오면 추가해 적는 것도 잊지 말 것.

철 지난 옷 교체하기

계절이 바뀔 때마다 입는 옷이 달라지기 때문에 수납 위치도 바꿔줘야 한다. 간혹 옷장 안에 모든 옷을 걸어두고 사계절 내내 옷만 바꿔 꺼내는 사람들이 있는데, 옷도 쉽게 망가지고 보관도 불편해 추천하지 않는다. 계절마다 옷을 정리하다 보면 어떤 옷을 얼마나 가지고 있는지 파악할 수 있고, 또 앞으로 필요한 소비 수준도 점검할 수 있다.

철 지난 옷을 정리할 때는 앞으로 계속 소유할 의미가 있는지 먼저 판단하는 것이 중요하다. 더 입을 것인지, 입는다면 얼마나 자주 입을 것인지, 중복되는 아이템은 아닌지 등을 면밀하게 체크하는 게 좋다. 이때는 물건에 대한 집착을 조금 덜어내는 게 좋다. 예컨대 3개의 티셔츠와 2개의 바지를 샀다면 적어도 그만큼은 버리겠다는 마음가짐이 필요하다.

나의 경우 '불필요'하다는 판단기준은 이렇게 세워두었다. ① 이번 시즌에 한 번도 입지 않았고, 내년에도 입고 싶지 않다. ② 마음에는 들지만 낡았다. ③ 내 나이에 맞지 않는다.

이 세 가지이다. 그래도 버리기가 망설여질 때는 '죽을 때 가져갈 수 없다'고 스스로에게 말하곤 하는데 생각보다 꽤 효과가 있다.

철 지난 옷 정리와 청소를 한번에

① 높은 선반에 올려둔 겨울옷을 꺼낸다

여기서는 여름옷을 겨울옷으로 바꾸는 방법에 대해 소개한다. 일단 높은 선반에 올려두었던 겨울옷 케이스를 연다. 이 안에는 내년에도 꼭 입을 거라고 생각한 옷만 들어 있다. 그러나 막상 열었을 때 칙칙해 보이는 건 다시 처분한다.

② 수납할 옷들을 골라낸다

본격적으로 철 지난 옷을 수납하기 전에 다음 계절에 절대로 입지 않는, 시즌오프의 옷을 골라낸다.

③ 시즌오프의 옷은 약간

이것들이 겨울에는 절대로 입지 않을 여름옷이다. 하지만 티셔츠나 탱크톱은 겨울에도 안에 받쳐 입을 수 있기 때문에 그대로 남겨둔다. 또한 소매가 없는 옷도 겹쳐 입을 수 있기 때문에 그대로 둔다.

④ 케이스를 세운다

골라낸 옷을 의류 케이스에 수납한다. 이때 케이스를 가로로 엎은 채 옷을 겹겹이 눌러 담으면 중력에 눌려서 상당히 많은 양이 들어간다. 수납된 옷도 잘 보여서 일석이조.

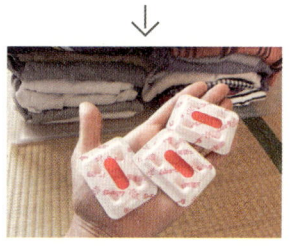

⑤ 방충제

방충제를 잊지 말 것.

⑥ 이부자리도 교환

옷가지 외에 바꿔야 하는 건 이부자리다. 여름용 이부자리를 세탁하고 나서 압축봉지에 담아 보관하면 공간이 절약된다!

⑦ 내친김에 청소기로 깨끗이

이번 기회에 평소 좀처럼 청소할 수 없는 붙박이장 깊은 곳도 구석구석 청소한다.

⑧ 선풍기도 물로 닦는다

철 지난 옷을 들여 놓아야 하는 환절기는 상쾌해서 수납이나 청소에 안성맞춤이다. 전기청소기의 먼지를 씻거나 선풍기, 에어컨 등의 필터도 함께 청소하면 개운하다!

천장과 옷장 사이의 틈새 수납

나의 보물들. 수첩(5년분), 문집, 색종이, 스티커 사진집 등을 넣어둔 메모리 박스.

모든 모자를 무인양품의 '접착 조립식 박스'에 넣었다. 철지난 물건은 모두 여기에.

수영복이나 스카프, 목도리, 장갑 등의 계절용품은 여기에.

일 년에 한두 번 정도 쓰는데 없으면 다시 사야 하는 물건들이 있다. 등장 기회만 적다뿐이지 정작 없으면 아쉬운 물건들이다. 이런 것들은 박스에 넣어 벽장 선반에 수납해두면 좋다.

원래 자주 사용하지 않고, 애착도 적은 물건은 이곳저곳 흩어져 있기 일쑤다. 하지만 딱 한번만 시간을 내 어울리는 장소를 찾아주자.

우선 패션 모자, 수영복, 특이한 스카프, 파티복, 등산가방처럼 자주 쓰진 않지만 보관해둬야 할 물건들을 한데 모은다. 적절한 수납장소를 정하고 수납용품을 종류별, 크기별, 소재별로 검토한 뒤 마지막으로 라벨을 붙여 보관하면 된다.

한정된 아이템으로 다양하게 코디하기

일단 버리지 않고 보관하기로 선택한 옷은 다양하게 코디해 입는 것이 중요하다. 단순해 보여도 다양하게 겹쳐 입거나 브로치로 포인트를 줘 적은 아이템으로 충분히 개성있는 연출을 할 수 있다.

통 넓은 바지와 흰 셔츠로 코디했다. 구두는 처음으로 주문제작한 것.

마가렛 호웰의 셔츠 아래에 다양하게 연출할 수 있는 터틀넥(무인양품).

울 케이프(무인양품)는 실용성이 좋다. 빨간 양말이 포인트.

가방 속의 간편 수납

올해 구입한 가죽 토트백. 가방 안쪽에 포켓이 많아 구입했다. 방의 제 위치 수납처럼 가방도 위치를 정해 넣어두면 쉽게 물건을 찾을 수 있고 물건을 잃어버리는 것도 방지할 수 있다.

가방 끝에 고리가 달린 파우치(무인양품)를 달았다. 티슈, 안약, 립크림을 수납.

가죽 장인이 만든 수공예품 키홀더를 매달아 매번 열쇠 찾는 번거로움을 없앴다.

가방 속 가방에 수첩이나 사탕, 화장을 고칠 때 쓰는 파우더를 넣는다.

CONSULTING CASE 3

옷장 수납

희망사항 ✤ 사용하기 간편하고 스트레스 없는 수납
작업장소 ✤ 옷장

BEFORE

→

AFTER

옷이 옷장 안에 다 들어가지 않아 불편했다. 이번에 수납방법을 개선하면서 옷은 모조리 중간 공간에 몰아넣고, 늘 밖에 나와 있던 철 지난 이부자리도 안에 넣었다. 무거워 사용하기 불편했던 바퀴 달린 서랍장은 앞면을 떼어내고 고정 서랍장으로 사용하기로 했다. 또 지금까지 뒤쪽에 두었던 청소기를 앞으로 꺼내 놓아 자주 청소할 수 있도록 했다.

공간 활용
사용하기 힘들던 사각지대에 압축봉을 걸고 벨트를 걸었다. 문 뒷면에는 고리를 걸어 길이가 긴 옷을 걸도록 했다.(위 사진 참조)

아무것도 없는 공간이 생겼다
불필요한 물건은 처분하고 앞으로 소유할 물건만 엄밀하게 선택했더니 서랍 하나가 말끔히 비워졌다!

나와 있던 옷
이동식 옷걸이 행거에 걸려 있어 보기도 흉하고 처치 곤란이던 옷 모두를 옷장 안으로 이동 수납했다.

의뢰인의 평가
자주 사용하는 물건을 간편하게 사용할 수 있게 됐고, 가끔 사용하는 것들도 눈에 더 잘 띄게 됐어요. 제가 갖고 있는 옷을 한눈에 볼 수 있어 코디하기도 쉬워졌구요. 옷을 꺼낼 때마다 입지 않은 옷이 보이고, 그러니까 자연히 쇼핑도 신중해지고 옷장이 꽉 차기 전에 정리도 저절로 되더군요.

CONSULTING CASE 4

베란다 수납장

희망사항 ✣ 물건은 쉽게 꺼내고, 필요 없는 것은 과감히 없애고 싶다.
작업장소 ✣ 베란다

BEFORE　　　AFTER

 →

베란다 수납장에 지나치게 많은 물건이 있으면 정작 필요한 물건을 꺼낼 수 없게 된다. 특히 바닥에 놓아둔 물건이 많다 보니 접근성이 나빴던 것도 불편한 요인 중 하나였다. 그래서 사용 빈도가 낮은 데 비해 부피가 큰 것, 레저용품이나 계절 타는 잡화는 위쪽 선반에 몰아 정리했다. 또한 주방에 있어야 하는 물건을 옮겨 놓으니 주방용 공간으로 활용할 수도 있게 됐다.

아래 선반
물건이 쌓여 있던 바닥은 웬만하면 거는 수납방식을 택했다. 걸 수 있는 공간이 생기고 청소도 쉬워졌다.

중간 선반
이곳은 물건의 회전율이 높은 음료나 세제를 수납하는 공간으로 사용했다. 물건 꺼내기가 수월해지자 딸아이가 맥주를 채워넣기도 했다!

윗선반
캠프용품이나 스키용품, 자전거용품 등 레저 아이템을 선반 위쪽으로 이동시키고, 작은 받침대를 거꾸로 놓아 칸별로 구분해 수납했다.

의뢰인의 평가

놀라울 정도로 쾌적해졌어요. 물건을 간단히 넣고 뺄 수 있을 뿐 아니라 보충해야 할 물건을 한눈에 파악할 수 있어 장보기가 수월해졌습니다. 이것이야말로 최고의, 최적의 수납입니다! 가족에게 "이 아이디어 어때?" 하고 자랑하면서 물건의 제 위치를 확인하고 있어요.

PART 5

욕실과 세탁실

현관을 들어선 순간 세탁기가 정면으로 보이는 우리 집. 처음엔 어떻게 가려볼까 궁리를 했다. 하지만 생각해 보니 생활이 너무 드러나는 것도 별로지만 그렇다고 모든 걸 눈에 안 보이게 감춰 불편한 것도 싫었다. 그러다 보니 보이는 면도 나쁘지 않으면서 사용하기에도 편한 세탁실 수납이 필요했다.

이곳은 수납장이 따로 없어서 세탁기 위로 스틸 유닛선반(무인양품)을 설치했다. 필요에 따라 이리저리 응용할 수도 있고, 고리를 걸 곳도 많아 수납이 편리하다. 여기에는 세탁용품, 청소용품을 비롯해 욕실에서 나왔을 때 사용하는 타월이나 속옷을 넣는 서랍 케이스도 놓았다. 주변에서 사용하는 물건은 모두 이곳에 모아놓은 셈.

Lavatory & Laundry

깔끔함을 원하는 곳엔 흰색으로

현관에서 고스란히 보이는 세탁실. 집에 들어오자마자 눈에 들어오기 때문에 조잡하게 보이지 않도록 흰색 아이템을 사용하기로 결정했다. 용기가 흰색인 제품은 상표를 벗기기만 하고 색깔 있는 세제 등은 흰 용기를 구입해 옮겨 담았다. 케이스나 타월도 흰색으로 통일했다. 또 반투명의 서랍 안쪽은 수납물이 밖으로 비치지 않도록 했다.

하지만 아무리 깔끔해보이는 흰색이라도 필요 이상의 물건으로 가득차면 무의미해진다. 최소한의 물건 그리고 흰색 덕분에 매일 세탁하는 일이 산뜻해졌다.

팔만 뻗어서 한 번에 OK

세면대에서 팔만 뻗으면 모든 것이 손닿는 거리에 있도록 수납해두면 생활이 한결 간편해진다. 세수를 마친 후 손을 뻗으면 타월이 잡히고, 머리핀이나 눈썹정리 도구가 한 손에 잡히는 식이다. 목욕을 할 때도 매트 위에 손을 뻗어 타월을 꺼내고, 속옷도 팔만 뻗으면 닿는 서랍에 두고 꺼내 쓰는 것이다. 이렇게 하면 외출할 때도 치장을 한 자리에서 쉽고 빠르게 끝낼 수 있다. 속옷은 다른 옷들과 함께 수납해야 한다는 의견도 있지만, 나는 내 습관에 맞는 수납을 우선으로 생각한다. 수납 스트레스가 줄면 제자리에 두는 횟수도 증가해 결과적으로 정돈된 상태를 그대로 유지할 수 있기 때문이다.

시간을 단축해주는 세탁물 수납 요령

우리집의 세탁물 정돈법은 매우 간편하다. 베란다에서 고리식 빨래건조대를 가져와 선반레일에 걸어 그 자리에서 타월이나 속옷을 눈앞에 있는 수납 케이스에 넣는다. 한 자리에서 작업을 끝낼 수 있는 시스템이다. 그 외에도 화장도구나 미용품처럼 사용한 뒤에 물기를 씻어야 하는 것은 세면대 옆 세탁실로 보낸다. 한 번에 작업을 할 수 있고 그 자리에서 끝내는 구조라 편리할 뿐더러 시간도 단축된다.

세탁용 행거
안 쓰는 파일박스에 행거를 정리하면 엉키지 않아 쉽게 꺼낼 수 있다.

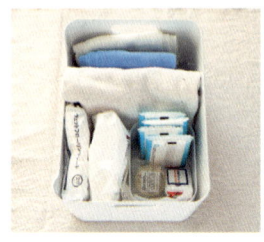

종이나 헝겊류
욕실깔개, 면봉, 작은 헝겊, 청소시트나 물티슈 등은 여기에.

케어용 전기제품
드라이어나 이발기 같은 이미용 케어와 관련된 전기제품은 모두 여기에.

세탁망
옷을 벗어 세탁기에 넣을 때 이것을 금방 찾지 못하면 벌거벗은 채로 이리저리 찾게 된다.

고리식 빨래건조대
선반레일에 걸어두고 세탁물을 쉽게 벗겨 사용한다. 대기 중에는 S자 고리에 걸어둔다.

나의 속옷
앞에서 말한 대로 팬티는 개지 않고 그냥 넣는다. 주름이 가는 것이 아니라서 이것으로 충분하다.

남편 속옷 ①
남편의 트렁크. 플라스틱 시트를 잘라 넣어 안이 보이지 않도록 했다.

화장실 휴지
딱 여기에 들어가는 양만큼만 비축한다. 무인양품의 라탄 바구니.

소모품은 박스에
세제나 샴푸, 남은 수세미, 천쪼가리 등은 조립식 박스에.

미용용품
보디크림이나 티슈, 아로마 방향제는 세면대 쪽에.

화장도구
선반 안쪽에 있어도 옆에서 간단히 꺼낼 수 있다. 사용할 때는 상자째 거울 앞에 놓는다.

분말세제
시중에서 판매되는 세제 용기가 맘에 들지 않아 언젠가 맘먹고 산 법랑 용기에 분말세제를 넣는다. 2kg이 들어간다.

자주 사용하는 잡화
브러시나 안경을 넣는다. 자주 사용하는 것은 꺼내놓고 쓰는 게 좋다.

남편 속옷 ②
아크릴 케이스(무인양품) 안에 간단한 셔츠를 수납. 겨울에는 파자마도 여기에.

타월
유닛 선반의 와이드 바스켓에 목욕타월과 핸드타월을 모두 수납.

PART 5 욕실과 세탁실 91

세면대 아래의 수납 ▶ POINT 걸어서 공간 활용

짧은 압축봉
파이프 아랫부분과 벽 사이에 압축봉을 걸고, 뒤쪽으로 걸친 긴 것과 같이 상자를 얹었다. 너무 무겁지 않은 것이라면 괜찮다.

파일박스
섬유유연제, 가루비누 등의 비축분을 보관한다. 생각보다 많은 양이 들어가 필요할 땐 딱 여기에 들어갈 만큼만 구입한다. 과소비를 막는 데 도움이 된다.

긴 압축봉
걸친 봉 위에 스프레이 세제의 손잡이를 걸었다. 스프레이가 바닥면을 차지하지 않아 수납량을 늘릴 수 있다. 걸레도 걸 수 있다.

ㄷ자형 선반
ㄷ자 선반을 활용하면 물건을 얹는 면을 두 배로 늘릴 수 있다. 위에는 작은 양동이, 아래에는 각종 위생용품을 둔다.

뚜껑이 있는 박스
무인양품의 뚜껑이 있는 박스는 겹쳐놓을 수 있어서 편리하다. 위에는 걸레, 아래에는 콘택트 렌즈 등을 수납한다.

우리집의 세면대는 아래쪽 수납 공간도 몹시 좁다. 그래서 바닥을 제외한 모든 공간을 활용하지 않으면 안 된다. 나는 바닥에 두기와 걸기로 공간을 구분하여 구석구석 공간을 활용한다. 한정된 공간 내에서 얼마만큼 활용할 수 있을까? 이것은 공간과 물건 그리고 수납용품과의 철저한 대화다.

치약이나 세안용품은 클립에 걸어 거꾸로

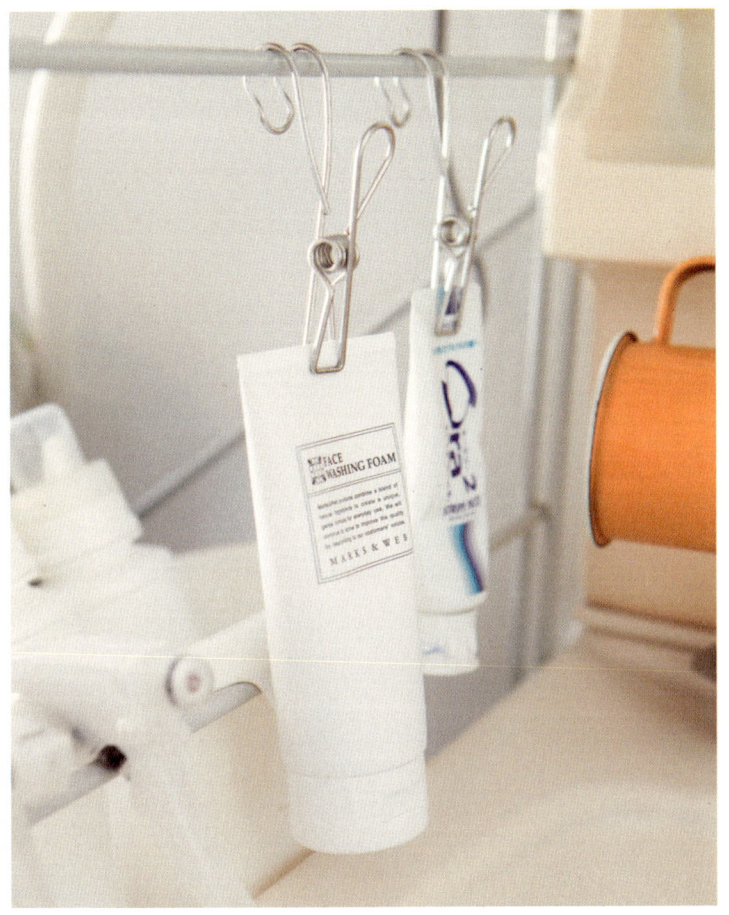

원래 치약은 세면대 문 안쪽에 꽂아두었다. 2개의 칸으로 나누어 한쪽에는 칫솔 2개, 다른 한쪽에는 치약을 넣었던 것. 그러나 아무리 부부라도 남편 칫솔과 내 칫솔이 서로 맞닿아 있는 건 왠지……. 그래서 치약을 밖으로 꺼내고 2개의 공간에 각자의 칫솔을 뒀다. 치약은 와이어 클립(무인양품)에 고정시켜 세탁수납장에 걸었다. 클립이 걸린 채로 사용할 수 있어서 간편하다. 세안용 클렌징폼도 같은 방식으로 걸었더니 아침 준비가 한결 편해졌다! 별 거 아닌 것처럼 보이지만 사소한 문제가 해소되어 기쁜 순간!

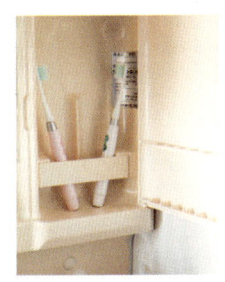

무사히 따로따로 수납할 수 있게 되어 기쁘다.

마음까지 편안해지는 화장실 꾸미기

좁디좁은 우리집은 화장실도 역시 좁다. 변기에 앉으면 눈앞이 바로 벽이다. 그렇지만 이곳은 하루에도 여러 번 사용하는 장소라 다른 곳보다 더 여유롭고 포근한 공간으로 연출하고 싶었다. 처음에는 의욕을 불태워 변기 탱크 위나 벽에 잔뜩 장식을 했다. 하지만 지금은 심플하게 바꿨다. 오른쪽의 BEFORE 사진에서 보듯(부끄럽다!) 화장실을 아늑한 공간으로 만들고 싶었던 의욕을 엿볼 수 있을 것이다.

최근 탱크 뒤에 압축봉을 걸었더니 간이선반과 세제 스프레이를 놓을 장소가 생겼다. 이 변화에 따라 여유분의 휴지 2개만 놓으니(나머지는 세탁 수납장에) 전체적으로 말끔해졌다. 화장실이 달라지니 기분이 산뜻해졌다. 화장실은 여러가지 시도를 가볍게 해볼 수 있는 공간이다.

BEFORE 1

이사왔을 때의 모습. 탱크 위에 얹어진 나무들에 성냥갑이 가득!

BEFORE 2

위쪽 선반에 놓인 휴지가 두드러지고 무엇보다 먼지가 신경 쓰였다.

화장실의 새 단장

AFTER

탈취 스프레이
고리가 달린 바구니를 파이프에 걸고 여기에 스프레이를 넣었다.

손수건
탱크 뒤쪽으로 보이는 압축봉을 감추기 위해서 긴 린네 수건을 걸었다.

나무선반
탱크 뒤쪽 압축봉과 물탱크를 지지대로 삼아 간단 선반으로 변신했다.

화초
화장실에 싱그러운 화초를 장식하는 것이 꿈이었다. 그곳이 환해진다.

위쪽에 있던 휴지가 모습을 감췄다. 사진을 붙인 나무상자는 골동품 가게에서 발견한 것. 화장실은 무엇보다 청결, 그 다음이 시선을 끄는 센스 있는 인테리어다.

스프레이 수납의 BEFORE

세제 스프레이를 탱크의 파이프에 걸고, 탈취제를 주머니에 넣어 걸었다. 바닥에 두었을 때보다 집기 편하고 청결하다.

향기

앞서 소개했듯 물탱크 안이나 아로마 램프에도 민트향을. 화장실에 상쾌한 공기가 감돈다.

갤러리

BEFORE　　AFTER

예전에는 카드를 붙였는데, 지금은 사진 전시장처럼 여행지에서 찍은 사진을 수시로 바꿔 붙이고 있다. 사진 뒤에 양면테이프를 붙이면 끝.

CONSULTING CASE 5

타월·속옷의 수납

희망사항 ❖ 보기에도 쓰기에도 깨끗하고 간편한 수납
작업장소 ❖ 린넨 수납장

BEFORE　　AFTER

 →

이곳 린넨 수납장에는 4인 가족의 타월, 속옷, 파자마 등을 수납하고 있었다. 의뢰인의 가장 큰 고민은 여닫이문을 활짝 열지 않으면 서랍이 열리지 않아 자주 사용하는 양말이나 파자마를 꺼내기 어렵다는 것이었다. 그래서 자주 사용하는 타월은 한쪽 문만 열어도 간단히 꺼낼 수 있는 셔츠홀더에, 속옷도 한쪽 문을 열면 꺼낼 수 있는 위치의 서랍 케이스에 배치했다.

아랫단
세탁할 옷을 넣는 세탁바구니를 이곳에 두었다. 그전까지는 문 앞에 있어 문을 열 때마다 다른 곳으로 치워야 하는 스트레스의 주범이었다.

중간단(왼쪽)
린넨 수납장에 강력한 압축봉을 걸고 셔츠홀더를 매달았다. 서랍장보다 쉽게 타월을 꺼내게 됐다.

중간단(오른쪽)
서랍케이스 8개의 위치를 정하고 한눈에 알아보게 했다. 사용 빈도가 높은 것은 한쪽 문을 열면 바로 꺼낼 수 있도록 했다.

윗단
가장 높은 곳에는 사용 빈도가 낮은 타월 여유분과 철 지난 파자마, 여행용품을 넣었다.

의뢰인의 평가
무턱대고 서랍박스를 넣은 탓에 겉보기로는 정리가 돼 보여도 막상 사용하려면 불편한 게 한두 가지가 아니었어요. 정리수납을 하는 과정에서 나의 생활 스타일을 되짚어볼 수 있었고, 덕택에 모든 선반과 서랍 배치, 그 내용에 적합한 수납 공간으로 탈바꿈했답니다. 동선도 간결해져 정말 만족스러워요.

PART 6
손쉬운 청소법

우리집엔 '연말 대청소' 또는 '봄맞이 대청소'라는 개념이 없다. 팔을 걷어붙이고 하루종일 힘을 빼는 청소는 딱 질색이라 자주 가볍게 청소하면서 청결함을 유지하고 있다. 먼지라도 보일라치면 청소기를 밀 때까지 기다리지 않고 그 자리에서 후다닥 청소해 버린다.

그러기 위해 필요한 건 재빨리 치울 수 있는 방 상태다. 좋은 수납은 정리하기도 쉽지만 청소하기에도 쉬운 수납이다.

이 장에서 소개하는 청소법은 특별한 것이 아니다. 고객이나 블로그 독자 중에 '사오리는 어떻게 청소하는지 궁금하다'는 문의가 많아 여기서 잠깐 나만의 청소법을 공개한다. 매우 간단해서 누구나 꾸준히 할 수 있는 청소법이다.

CLEANING

성가신 것은 질색, 나의 간단 청소법

그때그때 청소하는 시스템

나는 고객의 집을 정리할 때면 '물건을 전부 꺼내는' 단계 이후에 청소도 함께 한다. 옷장 안을 닦고, 냉장고 선반을 훔치고, 가스레인지 주변도 닦는다. 찌든 때에는 멜라민 스펀지나 세제를 이용해 더러운 곳을 닦아낸다. 이렇게 하는 이유는 청소 하나로 공간이 얼마나 깨끗해지는지, 기분이 얼마나 달라지는지, 제대로 수납이 되어 있으면 청소가 얼마나 수월한지 등을 눈앞에서 알려주기 위해서다. 그렇게 집이 조금씩 깨끗해지면 지켜보던 고객이 앞장서서 '여기도 치우고 싶다'고 주변 청소를 시작하기도 한다. 수납 시스템이 제대로 만들어진 공간에서는 청소하고 싶은 의욕도 함께 높아지는 것이다.

이렇게 그때그때 청소를 하려면 '간편함'이 생명이다. '이곳을 치워야겠다'고 생각했을 때 바로 옆 수납장에는 걸레와 멜라민 스펀지가 있어야 한다. 또 꺼내기 쉬운 곳에 청소기와 빗자루가 있어야 한다. 이 작은 차이만으로도 '한다/하지 않는다'의 차이가 확연히 달라진다. 약간의 불편함과 귀찮음이 '나중에 하자'는 이유가 되어버리게 두어선 안 된다. 청소도구는 사용하기 편한 장소에 함께 모아 두면 좋다.

바닥에 두지 않는다

지금까지 '걸기' 수납법에 대해 많이 소개했다. 걸기 수납은 수납하는 양을 늘리고 꺼내기 쉽다는 장점 외에도 청소하기 쉽다는 이점이 있다. 청소기를 돌릴 때마다, 걸레질을 할 때마다 일일이 물건을 치우고 꺼내야 한다면 조금씩 쌓이는 스트레스가 의욕을 떨어뜨리고 결국 청소를 멀리하게 돼 더러워진 공간을 만드는 요인이 된다.

나는 청소도구를 가능하면 걸어서 수납한다. 주방 수납장 아래에 놓인 체중계나 야채 보관통도 바닥에 두지 않는다. 바닥에 꼭 둬야 한다면 바퀴를 달아서 간단히 옮기고 와이퍼로 손쉽게 먼지를 제거한다.

꾸준히 할 수 있는 나만의 방법

의무감 때문에 꾸역꾸역 해야 하는 일만큼 고역이 없다. 그래서 나는 청소를 하든 요리를 하든 간단하게 하는 걸 강조한다. 잘 하는 것도 좋겠지만 더 중요한 것은 꾸준히 지속할 수 있는, 가볍게 할 수 있는 청소 습관을 들이는 것이다. 평소엔 방치했다가 한번 할 때 와장창 하는 습관을 가지면 평소 지저분한 상태에서 지내는 시간이 길 수밖에 없다. '틈틈이' 꾸준히 하는 편이 간단한 데다가 청결하기까지 하다.

{ 청소용품은 이것만! }

세상에는 ○○용, △△용 등으로 구분한 청소용품으로 넘쳐난다. 그러나 이 모든 걸 갖고 있다고 청소가 쉬워질까? 청소용품은 가능한 적고 심플하게 갖추는 게 좋다.

No.1 스펀지 2종

멜라민 스펀지는 세제를 사용하지 않고도 기름때는 물론 물때까지 제거해준다. 욕조부터 벽까지 모두 이것으로 해결한다.

No.2 걸레

낡은 천을 자른 것으로 일회용으로 쓰고 사용 후에는 버린다. 구석구석 더럽고 신경 쓰이는 곳을 닦을 때 대활약한다.

No.3 미니 핸디모프

오른손엔 모프를, 왼손엔 청소기를, 이것이 나의 청소 스타일이다. 평소엔 작은 먼지까지 말끔히 제거해주고, 물에 빨아 쓸 수도 있다.

No.4 양철 양동이

좁은 집에서도 방해가 되지 않는 작은 크기로 실내 물걸레 청소용이다. 큰 것은 베란다 청소와 세차를 할 때 사용한다.

No.5 화장실 브러시

심플한 디자인에 값도 저렴하다. 1년에 한 번 교체하여 청결을 유지한다.

No.6 무선 진공청소기

군더더기 없는 디자인, 한손으로 사용할 수 있을 만큼 가볍다. 자유자재로 움직일 수 있어 유선보다 사용이 편리하다.

No.7 알코올

주방이나 세면대를 닦을 때 사용한다. 걸레에 조금 묻혀 사용하면 살균효과도 좋다.

No.8 세제류

욕조용, 화장실용, 강력 곰팡이 제거제, 설거지용 거품세제. 세제류는 몇 가지만 사용한다. 왼쪽의 2개는 라벨을 붙였다.

기타

No.9 베란다용 청소도구

오른쪽부터 빗자루, 쓰레받기, 바닥 닦는 솔, 고무장갑. 베란다 수납장에 압축봉을 걸어 활용한다.

{ 청소도구의 수납법 }

청소도구도 자주 사용하는 것을, 사용하는 장소에 두는 것이 포인트.
하지만 같은 청소도구라도 모든 것을 한 곳에 모아두진 않는다.

   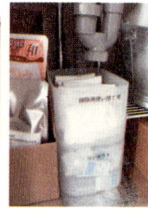 

스펀지
멜라민을 잘라서 싱크대 아래에. 욕실 스펀지는 욕실용 세제와 함께 욕실에.

걸레
자주 사용하는 세면대 아래와 주방 두 곳에 배치. 기름때도 신속하게 닦을 수 있다.

핸디모프
주방의 오픈된 수납장 옆에 걸어둔다. 자주 사용하는 수납장이고 거실에서도 가깝다.

   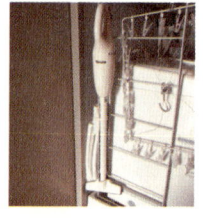

양철 양동이
작은 양동이는 세면대 아래에. 큰 양동이는 베란다 수납장 안쪽 깊은 곳에 넣어둔다.

화장실 브러시
변기 뒤쪽 으슥한 곳에. 이 브러시는 매우 가벼워서 청소할 때 움켜쥐기 쉽고 사용도 편하다.

무선 진공청소기
세탁 수납장의 선반에 S자 고리로 걸어둔다. 필요할 때 언제든 손쉽게 꺼내 쓸 수 있다.

세제류
세면대용 알코올은 세면대 옆에, 화장실용 세제는 화장실 안에, 각각 사용하는 장소에 둔다.

알코올
식기 선반 아래에. 흰 용기에 옮겨 담아서 눈에 띄여도 크게 신경에 거슬리지 않는다.

* 플라스틱은 내약품성이 강하지만 알코올이나 세제류를 다른 용기에 옮겨 담을 때는 제조사의 설명서를 잘 살펴보는 게 좋다.
* 스프레이 용기를 걸어서 수납하는 방법은 제조사에서는 권하지 않는다. 주의가 필요하다.

주방 청소

여러번 강조했지만 나는 성가신 건 딱 질색이다. 그래서 물건이 많고, 물때와 기름때가 끼는 주방은 평소에도 늘 청결함을 유지하려고 노력한다. 작심하고 하는 청소는 환풍기 정도면 충분하다.

이런 노력 덕분인지 나는 자주 닦는 습관을 갖고 있다. 예를 들면, 수도꼭지 주위의 물때가 생기는 부분은 설거지를 끝낼 때마다 물기를 닦아낸다. 요리를 할 때나 싱크대를 쓱쓱 닦을 때에도 수도꼭지를 닦는다. 이런 습관을 들이면 특별히 노력하지 않아도 늘 깨끗한 상태를 유지할 수 있다.

실제로 수도꼭지 주위가 반짝반짝 빛나기만 해도 주방은 완전히 달라보인다. 기분도 좋아지고 요리, 수납에 대한 의욕도 한층 강해진다.

청소의 빈도

냉장고
넣어두었던 내용물이 줄어들어 선반이나 바닥이 보일 때, 또는 지저분해 보일 때 수시로 알코올로 닦아준다. 식료품은 대부분 트레이에 담겨 있어서 치우고 닦기도 간단하다.

가스레인지
조리대를 닦을 때에 행주로 쓱 훔치거나 알코올 스프레이를 뿌린 걸레로 철저히 닦는다. 삼발이도 때마다 닦기 때문에 크게 더럽지는 않지만, 녹이 슬었다면 멜라민 스펀지를 사용하자.

싱크대 배수구 간단 청소

음식물을 다루는 장소는 청결이 생명이다. 하지만 배수구는 금방 더러워지고, 청소하는 데도 손이 많이 간다. 특히 음식물 찌꺼기는 늘 골칫거리다. 그래서 나는 1주에 1~2회, 주방용 표백제를 사용해 가뿐하게 청소한다.

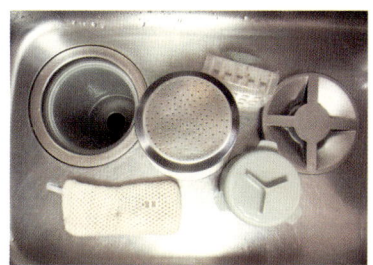

① 각 부분을 싱크볼에 모은다
주2회 쓰레기를 버리는 날 청소가 필요한 부분을 다 꺼내 싱크볼에 놓는다. 물기를 빼는 바구니도 같이.

② 주방용 표백제 이용
주방용 거품 세제를 뿌리고 거품으로 도포한다. 창문을 열어 반드시 환기하고 다른 액체와 섞이지 않도록 주의한다.

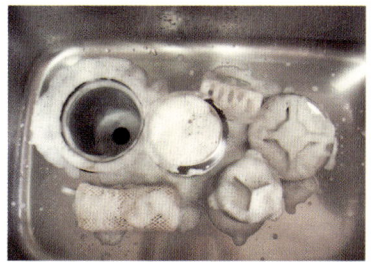

③ 거품 스프레이를 뿌리고 5분 정도 그대로 둔다
이 시간 동안 다른 일을 할 수 있어서 바쁜 아침이라도 부담이 적다.

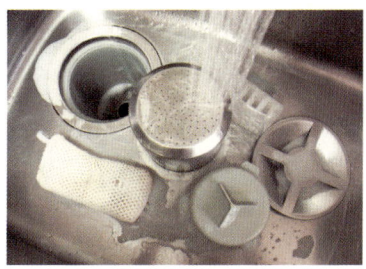

④ 흐르는 물로 씻어낸다
거품이 사라질 무렵 흐르는 물로 씻어낸다.

⑤ 이것으로 끝!
세 번에 한 번 꼴로 청소용 스펀지로 가볍게 문질러 닦으면 찌든 때까지 제거된다.

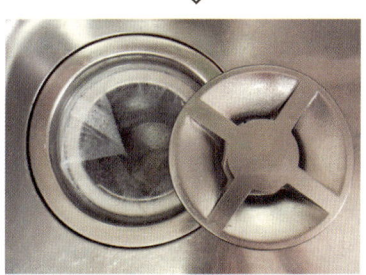

⑥ 새 망으로 바꾼다
이 청소만으로 배수구에 붙어 있던 지독한 때는 생기지 않는다.

거실 청소

식사도 하고 일도 하고, 휴식까지 취하는 거실은 주방과 마찬가지로 청소에 가장 신경 쓰는 곳이다. 대부분의 시간을 보내는 공간이니 몸과 마음이 충분히 쉴 수 있도록 청소를 미루지 말자. 생활과 청소를 구분하지 말고 평소에 잠깐씩 짧게 청소하는 습관을 들이면 좋다.

나는 청소가 필요하다고 생각한 순간 핸디모프나 무선 진공청소기를 집어든다. 모프를 든 김에 전등갓과 전구, 나무 선반을 차례로 쓱 닦는다. 이것은 이제 습관이 되어 거의 무의식적으로 하는 행동이 됐다. 먼지 뭉치가 굴러다니는 것을 볼 때마다 '청소해야 하는데……'라며 스트레스를 받는 대신 그 자리에서 가볍게 움직이면 마음이 편하고 기분도 나아진다.

거울

우리집 거실에 있는 거울은 외출할 때 보는 역할보다는 방을 넓게 보이도록 연출하는 물건이다. 먼지가 보이는 즉시 소파에서 시작해 핸디모프로 제거한다. 거울에 비치는 내 집을 뿌연 먼지를 통해 보고 싶지 않다.

소파

먼지가 쌓이기 쉬운 등받이 뒤나 팔걸이를 극세사 핸디모프로 쓱쓱. 잊기 쉬운 장소라서 평소에 가볍게 청소하는 습관이 필요하다.

바닥은 청소기를 돌린다
방에 결이 있다면 결을 따라서 청소기를 움직이면 효과적이다. 가볍게 사용할 수 있는 무선 청소기라서 신경 쓰이는 곳이나 방 하나만을 쓱쓱 청소하는 것으로 끝낸다. 작정하고 집 전체에 청소기를 돌리는 일은 그리 많지 않다.

물걸레질
식사 전후, 차를 마시기 전후 테이블을 행주로 닦는다. 선반 위, 수납장 틀 위, 에어컨 표면 같은 곳도 한 달에 한 번 물걸레질을 한다.

바닥 걸레질하기
아주 가끔 날씨가 좋은 날을 골라서 창을 활짝 열고 바닥을 닦는다. 양동이 물에 민트향의 아로마 오일을 떨어뜨리면 상쾌한 향기와 탈취 효과를 동시에 얻을 수 있다. 덤으로 기분까지 개운해진다.

방충망
청소하기 까다로운 곳이다. 일단 더러워진 것 같으면 젖은 걸레로 쓱 닦는다. 모든 먼지를 제거할 순 없지만 걸레가 까매지는 것만큼 청소는 된다. 먼지가 많이 쌓여 있다면 욕실로 가져가 샤워기로 물을 뿌린 후 스펀지로 닦는다.

붙박이장 청소

붙박이장 안은 청소하기가 까다로워 청소하기로 마음먹기도 쉽지 않다. 폐쇄 공간이기 때문에 좁고 어두운데다 더럽혀진 곳도 눈에 잘 띄지 않기 때문이다. 하지만 알고 보면 옷이나 이부자리에서 나오는 먼지가 쌓여 가장 청소가 필요한 곳이기도 하다. 청소가 힘든 만큼 마음먹기도 쉽지 않지만 가능한 자주 먼지를 제거한다는 마음이면 된다.

나는 고객의 집을 컨설팅할 때 반드시 청소하기 쉬운 시스템인지를 고려한다. 특히 붙박이장이나 장롱처럼 큰맘 먹지 않으면 청소할 마음이 생기지 않는 장소일수록 간편하게 청소할 수 있는 시스템을 만들기 위해 노력한다. 청소가 잘 되어 있으면 옷을 고를 때도 기분 좋지 않은가.

핸디모프로
서랍장 위나 수납 케이스 테두리처럼 먼지가 눈에 띄는 곳을 쓱쓱 닦아준다. 먼지가 쌓일 때까지 방치하면 핸디모프로는 해결되지 않아 성가신 일이 되고 만다.

청소기로 바닥을
때때로 대나무 바닥깔개를 치우고 붙박이장 구석에 있는 먼지를 빨아들인다. 이때 깔개 아래에는 햇볕에 말려 다시 사용할 수 있는 제습제를 깔아준다. 습도 관리도 쾌적한 공간을 위해서라면 빠뜨릴 수 없는 요소다.

때로는 물걸레질을
낡은 티셔츠나 수건을 잘라 만든 걸레로 클로젯 행거의 받침대나 바닥 면을 물걸레질한다.

세면대 청소

워낙 오래된 집이라 우리집 세면대는 요즘 나오는 상품의 절반 정도 크기밖에 되지 않는다. 실제로 보면 놀라울 정도로 작다. 따라서 세수할 때도 매번 물이 이곳저곳으로 튀어서 주변이 흥건해지기 일쑤다. 그래서인지 세수를 할 때마다 자연스럽게 물이 튄 곳을 닦는 습관이 생겼다. 하지만 그때마다 걸레를 사용하는 건 번거롭기 때문에, 얼굴을 닦은 타월로 주변을 훔치고 그대로 세탁기 속으로 쏙 던진다. 따라서 타월은 한 번 사용하고 손쉽게 빨 수 있는 작은 사이즈를 선호한다. 처음엔 조금 불편했지만 습관이 되고 나니 물때도 생기지 않아 늘 깔끔한 세면대를 유지할 수 있어 만족스럽다. 집이 좁은 덕분에 물건을 많이 가질 수 없게 된 것처럼 좋은 점과 나쁜 점은 동전의 양면이다.

얼굴을 닦은 타월로

세수한 뒤에 얼굴을 닦은 작은 타월로 물이 튄 세면대를 훔친 뒤에 세탁기 안에 넣는다. 늘 깔끔한 장소라면 타월로 닦아도 문제 없다.

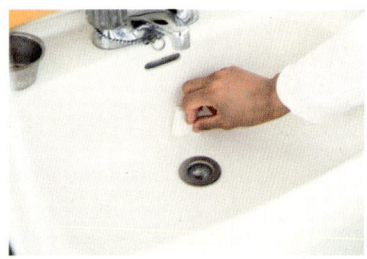

물때는 멜라민 스펀지로

물때는 일주일에 한 번꼴로 멜라민 스펀지를 사용해서 제거한다. 자주 청소하면 지독한 물때도 생기지 않아 쾌적하다.

미끈미끈하면 표백제

간혹 용기가 미끌미끌할 때는 강력 곰팡이 표백제를 써 오염물질을 없애고 살균한다. 심하지 않다면 걸레에 알코올을 묻혀 닦아주면 충분하다.

욕실 청소

욕실 청소는 보통 샤워할 때나 목욕할 때 같이 한다. 물론 샤워할 때마다 하는 것은 아니고 문득 청소할 때가 됐다고 느낄 때 하는 편이다. 샤워를 하면서 청소를 하면 물이 아무리 많이 튀어도 상관없고 짧은 시간에 끝내기 때문에 따로 시간을 내지 않아서 좋다. 오히려 깨끗해진 욕실을 보면 기분이 한결 편안해진다.

가족과 함께 사는 사람이라면 다음에 들어오는 사람이 깔끔한 욕실을 사용할 수 있도록 배려하는 것이 기본 에티켓이다. 가족이나 지인, 고객들이 기분 좋게 사용할 수 있도록 청소하는 것은 수납과 마찬가지로 일종의 예의이자 투자다.

목욕하면서
1주에 2~3회. 신경 쓰이는 부분만을 욕실용 세제와 스펀지로 쓱쓱 문질러 닦아준다. 욕조나 욕실 바닥, 세면기도 같은 스펀지로 청소한다.

배수구는 곰팡이 세제
조리대와 마찬가지로 배수구는 세제에게 맡긴다. 1주에 1회 정도로 거품 스프레이를 뿌려두고 5분쯤 뒤에 흐르는 물로 씻어내면 된다.

욕실 전체를
한 달에 한두 번 정도 신경이 쓰일 때 욕실 전체를 스펀지로 박박 문질러 닦는다. 창도 샤워기로 물을 뿌려 닦는다.

화장실 청소

화장실용 세제는 참으로 다양한 상품들이 판매되고 있다. 곰팡이 제거제, 살균제, 스프레이 제균제 등 종류가 많아 일일이 써볼 수도 없다. 또 좁은 공간에 그런 세제류를 몽땅 챙겨둔다면 수납공간도 비좁아지고 청소에도 방해를 받을 수밖에 없다.

나의 경우 화장실용 세제는 화장실에서만 쓰는 걸 원칙으로 한다. 변기든 바닥이든 모두 화장실 전용세제와 브러시, 화장실 휴지를 이용해 청소한다.

화장실도 욕실과 마찬가지로 다음에 이용할 사람에 대한 배려가 필요한 공간이다. 화장실은 특히 예민한 곳이기 때문에 더러워지기 전에 하는 '예방청소'가 중요하다. 욕실처럼 평소에 간단히 청소해두면 청결하게 유지할 수 있다.

화장실 전용 휴지와 전용세제로
화장실용 세제와 화장실 휴지만으로도 충분히 청결하게 유지할 수 있다. 변기와 바닥도 모두 이것으로 해결한다.

변기 안쪽
변기 안쪽을 브러시로 문지르는 것도 화장실용 전용세제를 쓴다. 가장자리에 때가 끼거나 얼룩이 묻은 화장실을 이용하려면 마음이 무겁다. 아늑하고 편안한 화장실을 만들기 위해 부지런히 닦아줘야 한다.

화장실 바닥
바닥은 보이지 않게 더러움이 쌓이기 쉬운 곳인 만큼 한 달에 2회 정도 전용세제와 화장실용 걸레로 닦아준다.

타월 삶기

어느 날 새하얗던 타월에 얼룩덜룩한 분홍물이 들어 있는 것을 발견하고 깜짝 놀랐다. 공기 중의 효모가 붙어 번식한 것이었다. 간편하게 '삶는' 방법을 소개한다.

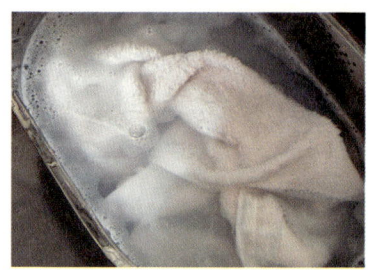

① 세숫대야에서 손빨래

먼저 비누로 손빨래한다. 사실 가루비누가 좋은데, 없으면 고체형 비누로 조물조물 하면 된다. 산소계 표백제도 1큰술 정도 넣는다.

③ 삶는다

그대로 스테인레스나 양철 냄비에 넣고 타월 3장을 약한 불에 삶는다. 15~20분 후 집게로 집어 올리면 새하얗게 변해 있다.

② 집에 있는 세제로 OK

평소 사용하는 비누와 표백제면 충분하다. 가능하면 산소계 표백제를 권한다.

④ 햇볕에 바짝 말린다

삶은 뒤에는 세탁기로 탈수하고 햇볕에 말린다. 파란 하늘 아래서 바짝 말린 타월은 기분마저 상쾌하게 만든다. 목욕타월이나 행주도 같은 방법으로 삶는다.

세탁기 청소

빨아놓은 타월에 보푸라기가 많다거나 옷에 먼지가 들러붙어 있다면 세탁조 청소를 해야 할 때다. 세탁조 청소는 뜨거운 물과 표백제를 사용하여 세정한다.

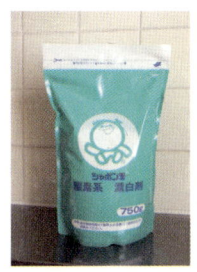

① 산소계 표백제
인터넷으로 구입한 산소계 표백제가 좋다. 구연산과 물을 적당량 섞어 써도 된다.

↓

② 따뜻한 물을 받는다
세탁조에 30~50도 정도의 뜨거운 물을 넉넉히 받는다.

↓

③ 산소계 표백제를 투입하고 회전버튼!
산소계 표백제를 300~600g 넣고 '세탁 모드'로 잠시 회전시킨다.

④ 앗, 단 몇 분 만에
몇 분 뒤에 보면 갖가지 오염물질이 떠있는 게 보인다. 세상에나!

↓

⑤ 마지막으로, 깨끗한 물로 헹군다
그대로 하룻밤 두었다가 다음날 아침 대부분의 오염물질이 떨어져 나갈 때까지 다시 회전시킨다. 마지막으로 깨끗한 물로 2세트 회전시켜 헹구면 끝.

↓

세탁조 안은 눈에 보이지 않기 때문에 관리에 소홀하면 무서운 일이 벌어지고 만다. 1년에 몇 차례는 정기적으로 세탁조를 청소하는 게 좋다.

PART 6 손쉬운 청소법 111

보기 좋고 쓰기 편한 쓰레기통

쓰레기가 눈에 띄지 않도록 아예 쓰레기통을 완전히 감춰버리는 집도 봤다. 그러나 과연 눈앞에서 사라진 쓰레기통에 쓰레기를 버리기가 쉬울까?

우리집은 좁은 데 비해 쓰레기통이 많은 편이다. 쓰레기가 생길 만한 곳에 어김없이 쓰레기통을 비치해둔다. 그래서 나는 쓰레기통 디자인을 고르는 데 무척 신중하다. 맘에 들지 않는 쓰레기통은 아예 거들떠보지도 않는다. 눈에 보이는 곳에 두기 때문에 인테리어와 어울리는지, 기능은 뛰어난지 등을 꼼꼼히 살피는 편이다. 보통 쓰레기통을 더러운 쓰레기를 담는 곳이란 생각으로 대충 사기 쉬운데, 멋진 쓰레기통을 집안 곳곳에 두는 것만으로도 분위기가 확 달라진다.

우리집의 쓰레기통 대장은 이 '심플한' 쓰레기통이다. 종류별로 분류가 가능하고, 뚜껑이 조용하게 닫힌다. 게다가 세련된 자태까지 맘에 쏙 들어 구입했는데 쓰면 쓸수록 만족스럽다.

세면대 옆

화장실 포트(무인양품)를 세면대 옆에 두고 쓰레기통으로 사용한다. 욕실 배수구나 몸치장을 하면서 나온 쓰레기를 버린다.

거실

IKEA 쓰레기통. 심플한 외모에 두드러지지 않는 존재감과 뚜껑까지 있어 내용물이 보이지 않는다는 장점 때문에 선택했다.

베란다의 재활용품 분리수거함

접이식 재활용 쓰레기통에 비닐봉지를 3개 걸고, 캔·유리병·페트병으로 분류해 담고 있다.

재활용품 임시보관함

플라스틱 케이스(무인양품)를 재활용품 수거함으로 사용한다. 재활용품을 일시적으로 여기에 보관했다가 한꺼번에 버린다.

대청소 필요 없는 10분 물걸레질

한 달에 한 번이라니까 보통 대청소를 떠올릴 텐데 대청소가 아니다. 시간으로 재보면 고작 10~20분 정도로 끝나는 일이다. 오래 입은 낡은 티셔츠나 낡은 타월을 걸레로 만들고, 양동이 물에는 민트향의 아로마 오일을 떨어뜨려 상쾌함을 높여준다. 걸레는 버려도 아깝지 않을 만큼 철저하게 이곳저곳 닦고 또 닦은 후 마지막으로 현관 바닥을 훔치고 새까맣게 되면 그대로 버린다.

한 달에 한 번의 물걸레질로, 평소의 자잘한 청소로는 손이 닿지 않는 곳까지 청소하면 연말 대청소는 필요 없다. 청소는 방법이나 도구가 아니라 '할까' '말까' 하는 마음에 달려 있다. 은은한 향기와 간단한 물걸레질만으로도 대청소 못지않은 효과를 낼 수 있다. 닦는 순간, 기분까지 좋아지는 건 덤이다.

PART 7
간편한 생활을 위한 아이템

살고 있는 집이 크든 작든, 수납공간이 많든 적든 일장일단이 있다. 하지만 자신이 쾌적하고 편안하게 생활할 수 있다면 어느 쪽이든 상관없다.

우리집도 거실이나 욕실이 너무 좁아 웬만한 건 붙박이장에 수납하지만, 몇 년간 이런저런 방법을 모색해온 결과 각각의 공간에 알맞은 수납법을 찾아냈다.

사람은 제각각 살고 있는 집도, 취향도, 스타일도 다르다. 따라서 수납에 정답은 없다. 각자가 끌어안고 있는 불편을 날려버릴 '바로 이거야!'라는 아이디어만 찾으면 된다.

도움이 됐으면 하는 마음에서 내가 실생활에 도입해 쓰고 있는 아이디어를 수납에 국한하지 않고 모두 모아봤다. 여러분의 생활을 조금이라도 개선할 수 있는 힌트가 될 수 있다면 좋겠다.

현관문 100% 활용법

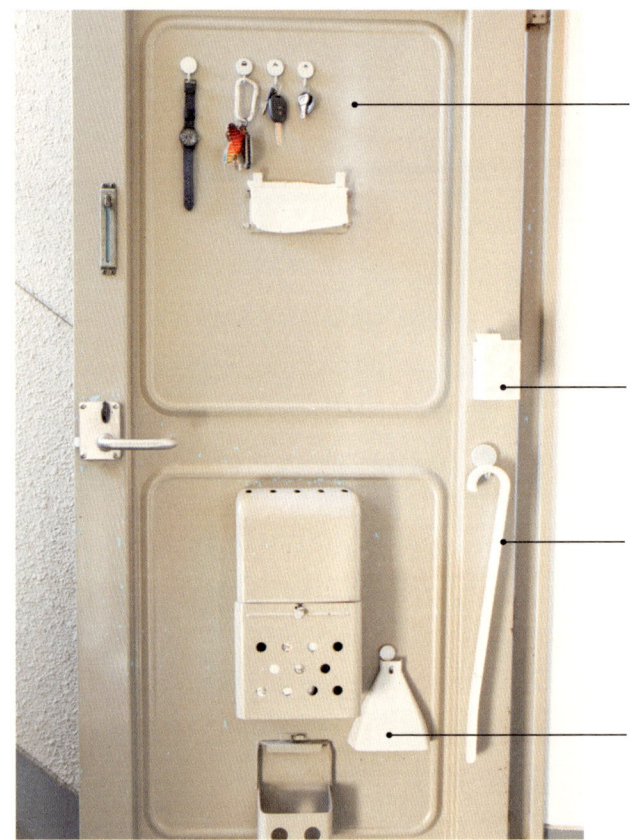

각종 열쇠나 시계, 용도에 맞는 아이콘을 자석고리에 붙이면 한눈에 구분할 수 있다.

작은 박스에 좌석홀더를 붙여 문에 붙인 후 썬크림, 핸드크림 등을 넣어둔다.

구두주걱은 쉽게 사용할 수 있도록 적절한 위치에.

현관 바닥청소를 위한 탁상용 빗자루(쓰레받이와 세트)

현관에 각종 열쇠, 구둣주걱, 빗자루, 우산 등 여러가지 물건을 걸어 놓았다. 외출 채비를 하다 보면 현관문 앞에서 놓치는 것들이 꽤 많다는 것을 한번쯤 느꼈을 것이다. 현관문에 이런 것들을 걸어두면 동작 하나로 필요한 것을 한 번에 집을 수 있어서 매우 효과적이다. 알루미늄 고리(무인양품의 자석부착 타입)라 나중에 간단히 뗄 수도 있어 편리하다.
또 작은 박스를 마련해 자칫 잊기 쉬운 것들, 예컨대 겨울철에는 핸드크림, 여름철에는 자외선 차단크림을 넣어두었다. 현관은 이렇게 무심코 잊어버리는 것들을 수납하기에 안성맞춤이다. 잊기 쉬운 것일수록 눈에 잘 보이는 곳에, 외출할 때 챙길 수 있도록 현관에!
이것이야말로 생활을 습관으로 바꾸는 편리한 수납이다.

압축봉의 무한한 가능성

압축봉을 잘만 사용하면 활용도가 무궁무진하다. 사실 겨울 코트는 집안 깊숙한 곳에 수납해도 수납의 의미가 별로 없다. 워낙 부피가 큰 데다 거추장스럽기 때문이다. 그렇다면, 코트에 가장 적합한 장소로 현관은 어떨까? 하지만 우리집은 현관이 너무 좁아 코트행거를 놓을 공간이 없다. 그래서 생각했다. 공중에 걸어보자고. 압축봉을 설치하고 옷걸이를 거니, 이곳이 원래 코트가 있어야 할 곳으로 탈바꿈했다! 강력한 압축봉이라면 몇 개의 코트를 함께 걸어도 문제 없다. 눈이나 비를 맞은 코트, 먼지 쌓인 옷을 여기서 벗은 후 걸어 놓고 다음날 다시 입기만 하면 끝.

수납공간이 부족해 새로운 가구를 들이고 싶을 때 압축봉을 이용한 수납방법이 없는지 먼저 살펴보는 지혜가 필요하다.

생각의 틀을 깬 신발장 수납

CD
아크릴 박스에 엄선한 100장의 CD를 수납한다.

책/잡지
얇고 키가 큰 형태의 수납공간으로, 잡지 보관에 안성맞춤이다.

재난가방
재난 시 필요한 최소한의 물건을 담아 현관에 미리 놓아둔다.

종이가방/쇼핑백
이곳에 두면 필요할 때마다 굳이 방까지 가지러 갈 필요가 없다.

붙박이장 외에 우리집에 애초부터 있던 수납공간이 바로 신발장이다. 상당한 양을 수납할 수 있는 공간인데 처음엔 신발만 넣었다가 굳이 그럴 필요가 없다는 걸 깨달았다. 그래서 언제부턴가 신발장 위쪽과 안쪽 공간은 잡화류를 수납하는 데 이용하고 있다. 깊이도 적당해 자주 듣지 않는 CD나 DVD도 여기에 넣어두는데 CD의 수납공간이 정해져 있어 무한정 늘어나는 것을 막아준다. 종이가방을 현관에 둔 이유는 업무상 필요한 물건을 넣어가는 경우가 많기 때문이다. 생활 동선을 고려해보면 쇼핑백은 신발장에 두었을 때 더 편하게 사용할 수 있었다. 신발장엔 꼭 신발만 있어야 한다는 고정관념을 버리고 어떻게 하면 가장 간편하게 물건을 사용할 수 있는지 늘 생각해보자.

현관엔 좋아하는 아로마향을

나는 신발장 위에 방향오일 '리프레시'를 두었다. 내가 좋아하는 향이다. 현관문을 여는 순간 방향 스틱에서 피어오르는 상큼한 향기가 부드럽게 맞아준다. 집에는 아무래도 생활하면서 나오는 냄새가 배게 마련이다. 음식 냄새는 물론 온갖 사물에서 나는 냄새가 뒤섞인다. 게다가 자신의 집 냄새는 거의 알아차리지 못한다. 한 번은 방향 오일이 떨어졌는데, 주방에서 새나오는 하수구 냄새를 맡은 적이 있다. 이래서는 내 집에 돌아왔다는 반가움이 반감되고 만다.
은은한 향기가 감도는 집에 들어오고 싶지 않은가. 가족이나 손님을 맞이할 때 좋은 향기가 난다면 첫인상도 좋을 것이다. 평소 향기가 머무는 집에 살다보면 집에 더 애착이 생기고 깔끔하게 정리하고 싶어진다.

일주일 계획, 절대로 잊지 않는 법

나는 메모장에 그 주에 해야 할 일정을 적어 화장실 벽에 붙여둔다. 중요한 업무나 식사 약속 등 일주일 동안 해야 할 일정을 기록하여 붙이는 것이다. 하다 보니 어느새 새로운 한 주를 맞이하는 일요일 저녁의 습관이 되었다. 이렇게 하면 일정을 잊어버리거나 다급하게 확인하지 않아도 돼서 매우 유용하다.

공중화장실에서 눈앞에 있는 짧은 문구를 자연스럽게 읽어보듯 화장실에서는 무언가 읽을 게 있다면 반드시 보게 된다. 당신이 엄마라면 가족에게 읽히고 싶은 신문기사나 문구를 오려 화장실 벽에 붙여놓아도 좋을 것이다. 자신과 가족의 일정을 파악하는 데도 도움이 되고 대화거리도 제공해주기 때문에 이 방법을 강력 추천한다.

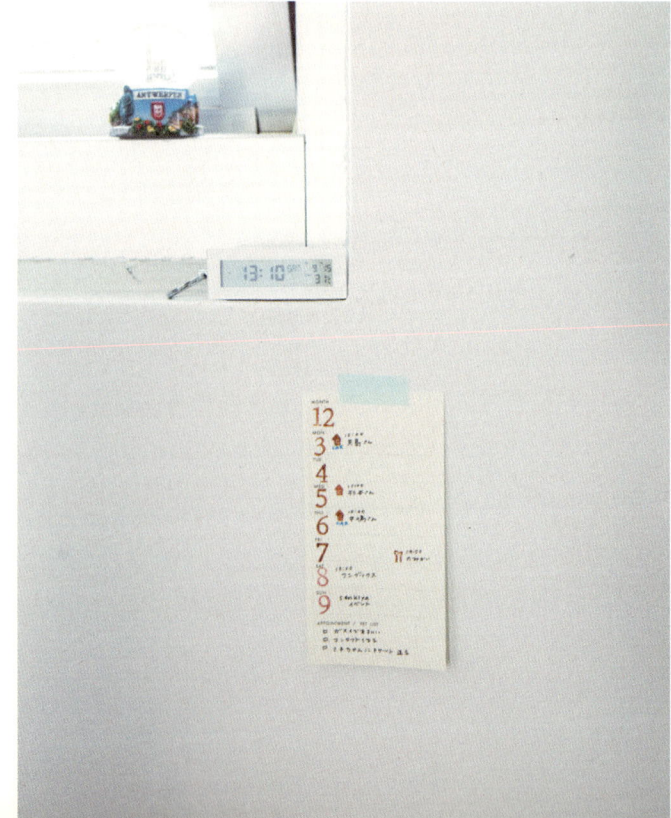

스트레스 줄여주는 포스트잇 활용법

'고장 난 안경, 수리 맡길 것', '정장, 세탁소에 맡길 것', '은행에 제출할 서류 떼기'……. 바쁘게 살다보면 깜빡 잊고 처리하지 못한 잡다한 일들이 생기게 마련이다. '아차, 그거 해야 하는데 또 잊었네' 하면서도 번번이 잊게 된다면 여간 스트레스가 아니다. 그래서 나는 이런 표를 만들어 냉장고에 붙여 놓았다. 〈해야 할 일〉, 〈한 일〉의 공간을 구분하여 잡다한 일들을 포스트잇에 적어 붙인 것이다. 처리가 끝난 일은 〈한 일〉 칸으로 이동시키고 이미 시작한 일은 중간에 붙이는 식이다.

해야 할 일을 자주 눈으로 점검함으로써 '깜빡 잊는' 사태를 줄일 수 있을 뿐 아니라 포스트잇은 자유롭게 뗐다 붙였다 할 수 있어 편리하다. 포스트잇에 붙여 놓은 후 한꺼번에 처리할 일들은 묶어서 처리하면 머릿속을 정리하고 생활 스트레스를 줄이는 데도 도움이 된다.

호주머니 속 물건은 이렇게!

나도 남편도 갈수록 건망증이 심해져 큰일이다. 주머니 속에 들어 있는 물건을 무의식중에 아무데나 꺼내놓고 '아차, 어디에 뒀더라?'라며 허둥대는 일이 잦아졌다.

자주 이런 일이 벌어지자 아예 현관 근처에 주머니 속 물건을 꺼내놓을 장소를 마련했다. 밤늦게 귀가하면 눈앞에 있는 이 바구니에 지갑, 시계, 담배, 펜, 휴대폰 등을 꺼내 넣으면 그만이다. 다음날 아침에 나갈 때 현관에서 이 물건들을 다시 주머니에 넣기만 하면 된다. 이렇게 하고 나서부터 물건을 잊어 덤벙대거나 허둥대는 일이 사라졌다. 더할 나위 없이 심플한 구조지만 효과는 절대적이다.

중간 바구니에는 손수건을 준비해둬 외출할 때마다 여기서 한 장씩 꺼낸다. 깜박 잊고 나가도 다시 돌아와 현관문을 열고 집기만 하면 OK.

비축품은 가능한 적게

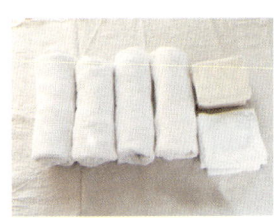

내가 가진 타월은 이게 다다.

뻔한 얘기지만 식재료나 생활용품은 비축하는 양이 많을수록 공간 확보와 관리가 어렵다. 넓지 않은 공간에 두루마리 화장지가 더미째 있거나 주방세제가 2~3개 쌓여 있다면? 혹시 지금 집에서 타월을 몇 장이나 쓰는지 알고 있는가?

익숙한 풍경에 젖어들면 본인은 물론 가족 누구도 의문을 갖지 않는 법이다. 하지만 쓸데없이 귀한 공간을 빼앗기고 싶지 않다면 가끔씩 거리를 두고 집안에 보관 중인 비축물품을 봐줄 필요가 있다. 당장 쓰지 않는 예비품이나 비축품은 수납장소를 차지할 뿐 아니라 다른 물건을 꺼내는 데도 방해가 된다.

내 생활에 딱 맞춘 가계부 만들기

나는 메모광이다. 작은 것까지 직접 적고, 잡지에서 본 정보를 찢거나 붙이는 정리 작업을 좋아하는 성격 탓에 가계부도 학창시절부터 꾸준히 써오고 있다. 처음에는 심플한 가계부를 구입해 사용했는데, 얼마 후 '신용카드 결제일'이나 '사용내역'을 적는 칸이 없어 불편했고, 남편과 나의 카드를 나누어 파악하거나 휴대전화 요금 등도 따로 적으면 좋을 것 같았다. 결국 내가 직접 엑셀을 이용해 가계부를 만드는 데 성공했다! 그때부터 직접 만든 가계부를 이용한다. 엑셀로 만든 가계부를 프린트 해 노트에 붙여 쓴다. 물론 항목은 각 가정의 상황에 따라 다르기 때문에, 각자가 사용하기 편한 포맷을 만들도록 권하고 싶다.

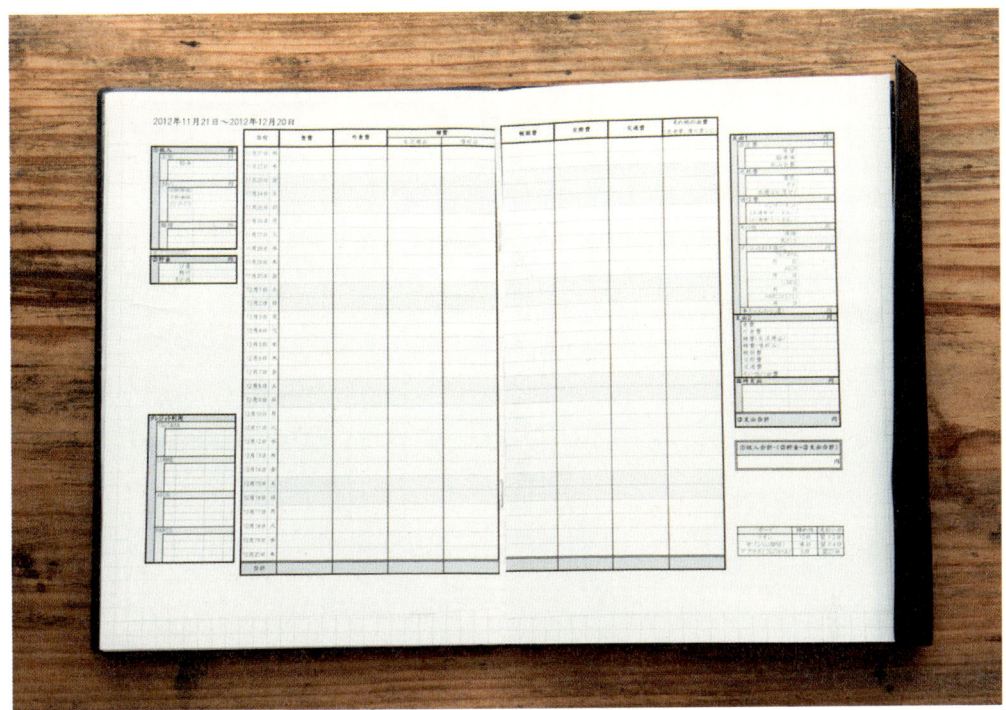

직접 만든 맞춤식 가계부
지출 종류는 8항목으로 나눴다. '잡비' 중에도 '생활용품'과 '기호품'은 써도 되는 비중이 다르기 때문에 따로 분류했다. 남편과 내가 가진 4장의 카드도 각각의 항목을 만들자 얼마를 지출하는지 확인하기 쉬워졌다.

병원 영수증은 보관
언제 어떻게 사용될지 모르기 때문에 병원 영수증은 노트 맨 뒷장에 붙은 밀봉지에 1년분을 넣어둔다. 그 외에도 지불영수증 등은 스테이플러로 찍어두었다가 일이 끝나면 떼어버린다.

영수증을 붙이는 페이지
노트 뒤에 전기료, 가스비 등의 영수증을 붙여 보관한다. 날짜와 금액이 보이도록 겹쳐서 붙이면 공간을 절약할 수 있다. 1년치 사용료의 흐름을 파악할 수 있다.

수첩은 마음의 메모장

2년 전부터 쓰고 있는 MD 노트 다이어리. 이 수첩의 좋은 점은 14개월분의 월간 다이어리 외에는 모두 메모 공간이라는 점이다. 펼친 면이 일주일 수첩이길 바라는 사람에게 적합하고, 80% 정도 패션지가 붙어 있다.

풍부한 메모 공간에 인덱스를 붙이고, '기억해야 할 날(친구의 생일 등)' '독서 감상(감명받은 문장이나 책 제목)' '메모(오늘의 목표나 생각난 아이디어 등)' 'SHOP(마음에 드는 가게)' 등을 나눠서 매일 기록하고 끝에 붙어 있는 몇 장의 무선지에는 여행지의 지도를 붙이기도 한다.

메모장처럼 무엇이든 적을 수 있는 이 수첩과 처음 만났을 때의 감동을 지금도 잊을 수 없다. 1년 동안의 내 마음을 한 권으로 보여주는 마음앨범이다.

인덱스로 정리한다

모처럼 메모해도 어디에 적었는지 모른다면 낭패. 때가 잘 타지 않고 찢어지지 않는 얇은 플라스틱판 인덱스로 항목을 정리한다.

본체는 이쪽

커버와 펜홀더를 붙여 자신의 기호에 맞게 꾸민다. 일정은 지울 수 있는 볼펜(임시용)과 3색 볼펜(개인용·업무용·기타)으로 나눠 적는다.

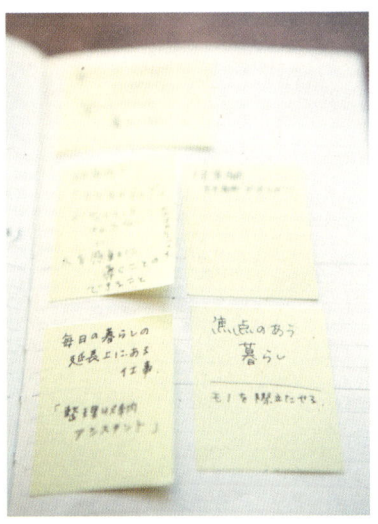

포스트잇의 활용법

항목 MEMO 안에는 하고 싶은 일이나 떠오른 아이디어를 그때그때 포스트잇에 적어 붙이고 있다. 관련 메모가 모이면 내가 가야 할 방향에 대한 힌트가 된다.

클립을 끼워 한번에

월간 스케줄 페이지를 표지부터 한꺼번에 클립으로 집으면 원하는 페이지를 단번에 펼칠 수 있다. 매우 편하고 시간도 아껴주기 때문에 꼭 시도해보길 권한다.

편지와 사진 보관하기

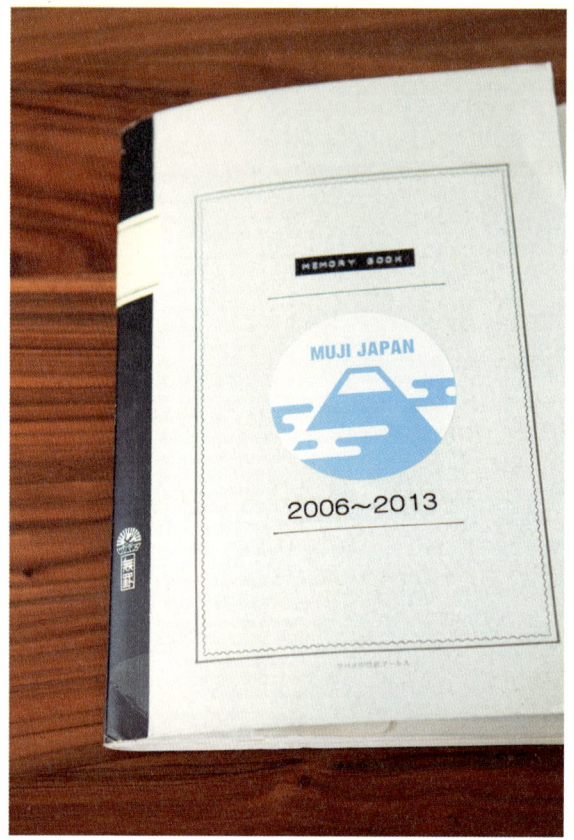

지도나 티켓을 붙인다

받은 편지나 카드

사진

수납 컨설팅을 의뢰한 고객의 집에 가면 공통적으로 보게 되는 것이 있다. 바로 어디에 둘지 몰라 어정쩡하게 보관되는 편지와 사진들이다. 그나마 정리라도 한 사람들은 대개 한 상자에 넣거나 한곳에 모아둔다. 물론 그것도 하나의 방법이 될 수 있지만 이런 수납은 오랫동안 방치했다가 열어보지 않고 그대로 묻힐 수 있다는 단점이 있다. 그래서 내가 권하는 방법은 한 권의 메모리북(크기 A4 사이즈가 좋다)을 준비해 그곳에 붙이는 것이다.

포인트는 한 권의 노트에 장르와 인물을 불문하고 죽죽 붙이는 것이다. 있는 건 모조리 여기에 붙인다는 원칙을 두면 복잡하지도 않고 머리를 식힐 때 하기에도 좋아 포기하지 않게 된다. 이것이 차츰 쌓이면 엄청난 추억 노트가 된다. 한번의 추억을 보다 깊이, 오래 즐길 수 있는 좋은 방법이다.

사용설명서 보관하기

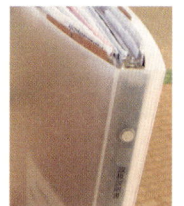

파일과 클리어파일은 무인양품 제품

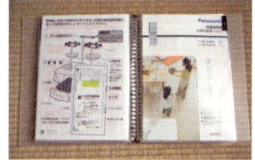

사용설명서와 보증서를 한 세트로, 하나의 포켓에

두툼해져도 하나로 묶는 것이 보기에 편하다.

버릴 수도 없고, 막상 찾을 때 없으면 초조해지는 것이 바로 제품 사용설명서다.

나는 하나의 클리어파일에 모든 사용설명서를 한꺼번에 넣어둔다. 어느새 상당히 두툼해졌지만 이 안에 있는 것만은 틀림없기 때문에 찾을 때 스트레스를 전혀 받지 않는다.

원칙은 한 장의 클리어파일에 하나의 아이템이나 보증서를 넣는 것이다. 여유가 된다면 파일 끝에 라벨 색인을 붙이고, 한눈에 어떤 설명서인지 알 수 있게 하면 더 좋다. 하지만 꼭 그렇지 않아도 상관없다. 뭔가 새로운 것을 구입했을 경우에는 옛것의 사용설명서는 버리고 새것으로 교체하면 된다. 이렇게 하면 이미 사라진 가전제품의 사용설명서를 쓸데없이 보관하는 일도 사라진다.

버리기 아까운 엽서, 연하장 보관하기

지금 살고 있는 집으로 이사를 온 후부터 나는 카드와 연하장을 버리지 않고 제본해 보관하고 있다. 만드는 방법은 의외로 간단하다. 상세한 방법은 옆 페이지를 참조해주길 바란다.
얼마 전까지만 해도 연하장을 주고받는 일은 많지 않았다. 하지만 일이 많아지고 나를 찾는 사람들도 늘어나면서 연하장을 받는 일도 많아졌다. 직접 만들어 보내기는 힘들지만 크리스마스나 새해에 도착하는 연하장은 마치 뜻하지 않은 선물을 받는 것처럼 설렌다. 지금은 이메일이나 문자를 흔하게 쓰지만 손으로 쓴 연하장이야말로 소중히 보관해야 할 선물이다.
책으로 엮은 연하장은 잠시 거실 책장에 두었다가 시간이 흐르면 메모리 박스로 옮겨 보관한다. 판매되는 엽서 폴더보다 싸고 공간도 적게 차지하는 데다 예술작품집 같아 마음에 든다. 무엇보다 소중한 사람들의 추억과 기록이 고스란히 묻어 있어 훗날 꺼내보며 뿌듯한 추억여행을 할 수 있다.

엽서나 연하장으로 책 만드는 법

① 고정하기
엽서나 연하장을 가지런히 놓고 위아래를 클립으로 고정한다.

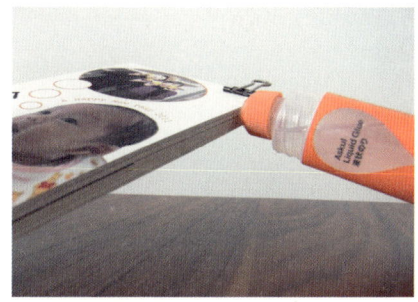

② 풀을 칠한다
한 면에 물풀을 듬뿍 바른다. 두께가 있는 것일수록 충분히 많이 바른다.

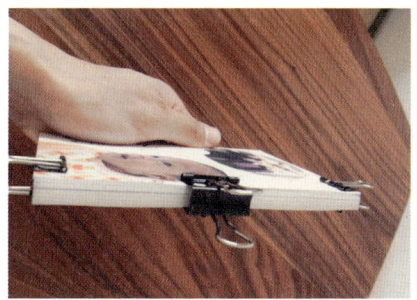

③ 말린다
클립으로 몇 곳을 더 집어 풀이 잘 마르도록 한다.

④ 접착 완료
건조한 실내에서 3~4시간 건조시키면 책 모양이 완성된다.

⑤ 표지만들기
도화지 등 조금 도톰한 종이로 표지를 만든다. A4 한 장으로 2권분의 표지를 만들 수 있다.

⑥ 타이틀을 넣는다
손으로 직접 글씨를 써넣거나 라벨프린터로 타이틀을 만들어 붙인다. 눈깜짝할 사이에 2권 완성!

당연하게 여겼던 '필요 없는 물건'들

생활은 덧셈만으로는 성립되지 않는다. 지금까지 얘기했듯 정리하고 더하는 것도 좋지만 불필요한 것을 빼는 것은 매우 중요하다. 하지만 사용하지 않는 옷이나 식기에 대해서는 몇 번이고 고민을 하면서도 '있는 게 당연해 보이지만 실제로는 필요 없는 것'의 존재는 좀처럼 눈치채지 못하는 사람들이 많다.

텔레비전, 밥통, 냉장고의 선반, 예비 방석커버 등은 없애고 난 후 그 가치를 비로소 깨달은 물건들이다. 없애고 나니 훨씬 좋았던 것들이기도 하다.

무엇을 버리고 무엇을 남길지는 그것을 없앤 상태로 잠깐 생활해 보면 안다. 없이 지내봤는데 별로 필요성을 느끼지 못한다면 처분해 버리면 된다. 반대로 없어서 불편했다면 원래대로 돌려 놓으면 그만이다. 물건을 없애고 난 뒤 가장 좋은 점은 그것을 관리하는 수고나 수납공간이 필요 없다는 점이다. 뜻밖의 새로운 시도가 경쾌한 일상을 선물할 수도 있다.

미닫이문

거실에서 침실까지 공기순환이 되도록 미닫이 문을 떼어냈다(겨울은 제외). 너무 휑하다 싶으면 커튼 대신 천을 걸기도 한다.

텔레비전

한번 고장이 난 걸 계기로 죽 텔레비전 없이 생활하고 있다. 하지만 뜻밖에도 아무런 불편을 느끼지 못한다. 컴퓨터나 스마트폰으로 드라마를 보고, 뉴스도 라디오로 듣는다.

설거지통과 음식물 쓰레기 수거함

설거지통과 음식물 수거함은 막상 없애고 보니 더 좋았다. 음식물 쓰레기는 보관함에 쌓아두지 않고 그때그때 버렸더니 더 깔끔하다.

밥통

고객의 권유로 밥솥을 샀더니 밥맛이 엄청 좋았다! 게다가 20분 만에 끝! 왜건 위에 있던 밥통을 치우고 새 환경에 적응하는 중이다.

나만을 위한 치유의 시간

'지치고 짜증이 난다', '우울하고 무기력하다', '청소도, 외출도 귀찮다'.
이렇게 심신의 피로가 조금씩 쌓여간다면 더 심각해지기 전에 풀어주는 게 좋다. 따라서 이런 스트레스를 한방에 날리는 자기만의 방식이 꼭 필요하다.

내게는 집 다음으로 자주 찾는 장소가 있다. 바로 편안하고 차분한 분위기의 한 카페다. 그곳에 가면 긴장도 풀어지고 기분도 좋아, 일도 술술 풀리는 느낌이 든다. 또 하나, 내 인생에서 빠뜨릴 수 없는 것은 여행이다. 일상의 잡무에서 완전히 벗어나 오로지 내가 원하는 것을 추구할 수 있는 유일한 탈출구. 그것을 위해 사전조사를 하거나 준비하는 과정은 그 자체로 행복이다. 무엇보다 이 과정은 나를 치유해주는 최고의 사치 중 하나다.

이 책을 읽는 당신도 집 외에 마음을 기댈 공간이 있다면 생활의 질이 한층 높아질 것이다. 이렇게 나름의 치유의 기술로 몸과 마음을 새롭게 재충전하는 시간을 만들어보자.

당신은 지치고 힘든 자신을 재충전하는 나만의 방식을 갖고 있는가?

나를 위한 릴렉스 타임

스마트폰으로 좋아하는 드라마 보기
컴퓨터나 스마트폰으로 월정액의 해외 드라마를 즐겨본다.

암반욕
겨울철은 월 3회 정도 다닌다. 온천 안에서 책을 읽고, 땀을 흘리고, 냉증을 해소하면 뼛속까지 개운해진다!

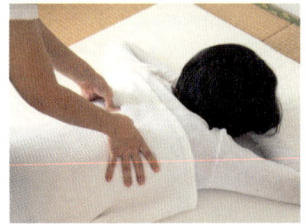

마사지
수납 작업은 몸 전체를 사용하기 때문에 때때로 뭉친 근육을 풀어 완벽한 컨디션으로 고객을 맞이한다.

Epilogue

수납은 나만의 색깔을 찾아가는 과정

3년 전쯤, 당시 나는 뭔가 원하는 일을 하고 싶다는 강한 열망으로 가득 차 있었다. 하지만 정작 내가 좋아하는 일이 무엇인지는 정확히 알지 못했다. 그러다 한 지인의 말을 듣고서야 비로소 내가 가야 할 길을 어렴풋이 본 기분이었다.
'좋아하는 일은 내버려둬도 결국 하게 되는 거 아닌가요?'

어린 시절부터 뭔가를 정리하는 걸 좋아했던 나는 막연하게 수납, 정리가 내게 맞을지도 모른다고 생각했다. 그후 매일 블로그에 글을 올리고, 자격증을 취득하고, 친구의 집을 모니터하고, 정리를 돕는 등 평소 생각한 것을 조금씩 실행에 옮겼다. 그렇게 정리수납 컨설턴트로서 일을 시작한 지 약 1년 반의 시간이 지나 이 책을 출판하기에 이르렀다. 실로 감개무량하다.
고객의 집을 방문해 수납과 정리를 돕는 것이 나의 직업이지만, 숱한 현장 경험을 쌓는 동안 저절로 깨닫게 된 것이 있다. 바로 인생을 '조금 떨어져 관조하게 된 것'과 '스스로 선택하는 삶'의 중요성이다.
눈앞에 놓인 숙제를 해나가듯 살아가는 팍팍한 삶의 쳇바퀴 안에서 사물과 대상을 떨어져 관조한다는 것은 쉽지 않은 일이다. 하지만 약간의 거리를 두고 내가 일하는 모습이나 집안을 관찰하는 것은 나의 내면을 들여다보는 것뿐 아니라 수납을 하는 데도 무척 큰 도움이 됐다. 일을 하다보면 쓸데없는 헛고생을 하거나 사용하지도 않는 물건이 가장 좋은 자리를 차지하고 있는 때도 많기 때문이다.

이 일을 하면서 하루하루, 한 분 한 분을 만나는 매순간이 삶의 이치를 깨우치게 하는 스승이 되어 주었다. '좋아하는 일은 내버려둬도 결국 하게 되어 있다'는 말 또한 관조의 시선과 닿아 있다. 관조한다는 것은 곧 자신을 관찰하는 일이기 때문이다. 따라서 관조하는 자세로 산다는 것은 자신이 무엇을 중요하게 생각하는지 관찰하고, 깨닫고, 선택한다는 뜻과도 같다. 흔히 말하는 '~해야만 한다'는 말에 휘둘리지 않고 자신이 좋아서 선택한 것이나 가치관을 실천하는 삶이야말로 무엇과도 바꿀 수 없을 만큼 가치 있는 일이다. 이런 경험들은 삶의 모범답안만을 의식하고 살아온 나에게 큰 깨달음을 주었다.

내가 그랬듯 이 책을 읽는 모든 분들이 부디 본인이 진정으로 원하는 삶을 살기를 진심으로 바란다. 삶에게 끌려가지 말고 삶을 자신에게 주도적으로 맞춰가길 바란다. 살고 있는 집을 정리하고, 무엇을 어떻게 놓을지 정하는 것도 바로 자신에게 맞는 색깔과 방식을 찾아가는 첫걸음이 될 수 있다.
책을 출판하는 데 도움을 준 출판사와 디자이너 등 모든 관계자분들, 그리고 나를 믿고 정리수납 컨설팅을 맡겨준 모든 고객들과 블로그 독자들에게도 진심으로 감사드린다.

혼다 사오리

옮긴이 **박재현**

상명대학교 일어일문학과를 졸업하고 일본으로 건너가 일본외국어전문학교 일한 통·번역학과를 졸업했다. 일본도서 저작권 에이전트로 일했으며, 현재는 출판기획 및 전문 번역가로 활동 중이다. 번역서로 『니체의 말』 『괴테의 말』 『장이 살아야 내 몸이 산다』 『면역력이 살아야 내 몸이 산다』 『선을 넘지 마라』 『하루에 한 번 마음 돌아보기』 『불안한 원숭이는 왜 물건을 사지 않는가』 등이 있다.

수납의 달인 '사오리'의 작은 집 완벽 정리술
투룸 수납 인테리어

1판 1쇄 펴낸 날 2014년 5월 20일
1판 2쇄 펴낸 날 2014년 7월 25일

지은이 | 혼다 사오리
옮긴이 | 박재현

펴낸이 | 박경란
펴낸곳 | 심플라이프
등 록 | 제2011-000219호(2011년 8월 8일)
주 소 | 서울시 마포구 양화로11길 46(서교동) 남성빌딩 4층
전 화 | 02-338-3338
팩 스 | 02-332-3339
이메일 | simplebooks@daum.net
블로그 | http://simplebooks.blog.me

ISBN 979-11-951549-0-6 13590

• 저작권법에 의해 보호를 받는 저작물이므로 무단전재와 복제를 금합니다.
• 책값은 뒤표지에 있습니다. 잘못된 책은 구입하신 곳에서 바꾸어 드립니다.
• 이 도서의 국립중앙도서관 출판시도서목록(CIP)은 서지정보유통지원시스템 홈페이지(http://seoji.nl.go.kr)와 국가자료공동목록시스템(http://www.nl.go.kr/kolisnet)에서 이용하실 수 있습니다.(CIP제어번호: 2014012379)